Was ist *Grammar, Skills and Phrases?*

Liebe Schülerin, lieber Schüler,

In diesem Heft findest du die Grammatik sowie die grünen und gelben Kästchen aus Red Line 1 und 2, *Skills* und *Useful Phrases*, übersichtlich zusammengefasst.
Du kennst ja sicher bereits den Grammatikanhang in Red Line 1 und 2, der alle Grammatikthemen der Units enthält. Im ersten Teil dieses Heftes ist dieselbe Grammatik nach den wichtigsten Themen geordnet. So kannst du alle Regeln nachschlagen, die du im Unterricht gelernt hast. Dort findest du auch eine Übersicht der wichtigsten *Grammar words*. Sie kann dir helfen, falls du einen Grammatikbegriff nicht mehr weißt.
Am Ende der einzelnen Themen findest du oft *My grammar*- und *Test yourself*-Aufgaben. Mit ihnen kannst du überprüfen, ob du alles verstanden hast. Die Lösungen dazu findest du ab Seite 85 am Ende des Heftes.
Im *Skills*-Teil findest du alle *Skills* aus Red Line 1 und 2. Diese Lern- und Arbeitstechniken helfen dir z.B. beim Lese- und Hörverstehen sowie beim Sprechen und Schreiben. Außerdem bekommst du hier nützliche Tipps für das Vokabellernen.
Vielleicht haben dir die *Useful phrases* aus Red Line schon dabei geholfen, dich auf Englisch richtig auszudrücken. Im letzten Teil des Heftes sind alle *Useful phrases* nach verschiedenen Themen zusammengefasst. So kannst du die für jede Situation passenden Ausdrücke nachschlagen.
Am Ende des Heftes findest du eine Liste von nützlichen *Classroom phrases* zum Nachschlagen und eine Liste der unregelmäßigen Verben, in der du nachsehen kannst, wenn dir eine Verbform einmal nicht einfällt.

Viel Spaß beim Nachschlagen und Üben mit *Grammar, Skills & Phrases!*

Inhalt

Grammar

GRAMMAR

Damit du dich auf Englisch gut ausdrücken kannst, ist es wichtig, die grammatischen Regeln der englischen Sprache richtig anzuwenden. Auf den nächsten Seiten findest du die wichtigsten Grammatikthemen aus Red Line 1 und 2 übersichtlich nach Themen zusammengefasst. Hier kannst du nachschlagen und üben, wenn du Hausaufgaben machst, dich auf einen Test oder eine Arbeit vorbereiten möchtest oder auch wenn du einfach etwas wiederholen möchtest.

Inhalt

Artikel und Mengenangaben

Das Nomen

Pronomen und Begleiter

Das Adjektiv

Das Adverb

Die Zeitformen des Verbs

Modale Hilfsverben

Satz und Satzgefüge

Uhrzeit, Datum, Zahlen

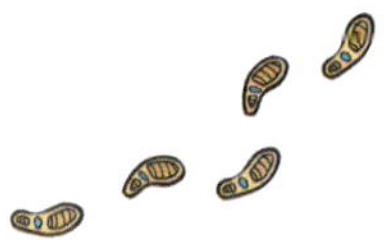

Artikel und Mengenangaben

1 Der unbestimmte Artikel *a/an*
The indefinite article 'a/an'

RL 1, Unit 1

Der unbestimmte Artikel (unbestimmte Begleiter), deutsch „ein“ oder „eine“, heißt im Englischen ***a*** oder ***an***. Vor einem Konsonanten (Mitlaut) wie in den Wörtern *ball, pencil* sagst du ***a***.
Vor einem Vokal (Selbstlaut a, e, i, o, u) wie in *apple, old* sagst du ***an***.

	a [ə]			**an** [ən]	
This is	**a**	bag.	And this is	**an**	apple.
Here's	**a**	pencil.	And here's	**an**	exercise book.
Is that	**a**	pencil case?	– Yes, it's	**an**	old pencil case.

Es heißt *a unit*, obwohl das Wort mit dem geschriebenen Vokal ‚u‘ beginnt. Die Aussprache ['ju:nɪt] entscheidet, nicht die Schreibung.

My grammar
Erkläre deinem/r Partner/in, wann du *a* und wann *an* verwendest. Nenne Beispiele.

Test yourself
Complete the sentences with 'a' or 'an'.

1. This is … sandwich and this is … apple.
2. Here's … pencil and there's … exercise book.

2 Der bestimmte Artikel *the*
The definite article 'the'

RL 1, Unit 1

Der bestimmte Artikel (bestimmte Begleiter), deutsch „der“, „die“ oder „das“, heißt im Englischen ***the***. Vor einem Konsonanten (Mitlaut) wie in den Wörtern *ball, pencil* sagst du [ðə]. Vor einem Vokal wie in *apple, old* sagst du [ði].

	the [ðə]			**the** [ði]	
This is	**the**	bag.	And this is	**the**	apple.
Here's	**the**	pencil.	And here's	**the**	exercise book.
Is that	**the**	pencil case?	– Yes, it's	**the**	old pencil case.

Bei ***unit*** ['ju:nɪt] heißt es **[ðə]**. Die Aussprache entscheidet, nicht die Schreibung. (vergleiche 1)

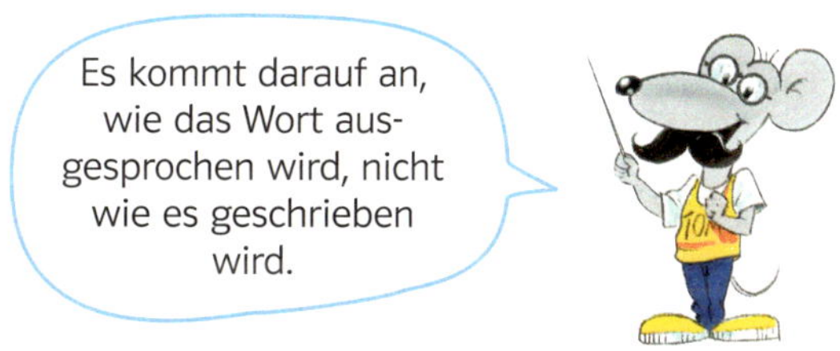

3 Mengenangaben mit *much/many/a lot of/lots of/a little/a few* RL 1, Unit 5

Expressions of quantity with 'much', 'many', 'a lot of', 'lots of', 'a little', 'a few'

„Wie viel?" und „Wie viele?" werden immer mit ***How much?*** und ***How many?*** übersetzt.

How much benutzt du, um nach Sachen zu fragen, die im Singular stehen und **nicht zählbar** sind, z. B. *sugar, flour, homework.*	***How many*** benutzt du, um nach Personen oder Sachen zu fragen, die im Plural stehen und **zählbar** sind, z. B. *girls, eggs.*
How much **sugar** have we got? **How much** **money** does he need?	**How many** **eggs** are there in a box? **How many** **girls** like football?
In **Aussagen** und **Antworten** gibt man eine genaue Menge an *(two bags)* oder man verwendet vage Ausdrücke wie *a lot of/ lots of/a little.*	In **Aussagen** und **Antworten** gibt man die Anzahl an oder verwendet als vage Angabe einen Ausdruck wie *a lot (of)/ lots (of)/a few.*
We've got **two bags of** **sugar**. He needs **lots of** **money**. We only need **a little** **flour**.	There are **six** **eggs** in a box. **A lot of** **girls** like football. Grandma knows **a few** **songs**.
In **verneinten** Sätzen wird *not much* oder *not a lot of* gebraucht.	In **verneinten** Sätzen wird *not many* oder *not a lot of* gebraucht.
There is **not much** **sugar** here. He has **not** got **a lot of** **money**.	We do **not** need **many** **eggs**. There are **not a lot of** **boys** in our group.

My grammar
Erkläre deinem/r Partner/in, was zählbar und nicht zählbar bedeutet. Nenne Beispiele.

Test yourself
Read the sentences and put in the right words.

1. A: … *(How many/How much)* pizzas do we need?
   B: Five, I think. … *(How many/How much)* money have you got?
2. A: We've only got … *(a few/a little)* lemonade.
   B: OK. Let's buy … *(a few/a little)* bottles.
3. A: Look! We haven't got … *(many/much)* food.
   B: No, let's make … *(a few/a little)* more sandwiches.

4 Mengenangaben mit *of*

RL 1, Unit 5

Can I have	a bar	**of**	chocolate, please?	Im Englischen werden solche Mengenangaben mit dem Wort *of* gebildet. Im Deutschen fehlt das „von“. Beispiel: eine Flasche Limonade.
Can I have	a packet	**of**	crisps, please?	
Here's	a bottle	**of**	lemonade.	

5 *some* und *any*
'some' and 'any'

RL 2, Unit 3

Wenn du über etwas sprechen möchtest, das du **nicht zählen** kannst, wie z. B. *cheese, milk* oder *chocolate*, benutzt du ***some*** oder ***any***.

Some oder ***any*** kannst du auch gebrauchen, um eine **ungenaue Anzahl** anzugeben: *some comics, any ideas* („einige Comics“, „ein paar Ideen“).

They bought **some** chocolate. I want **some** fruit. Let's make **some** brownies.	***Some*** benutzt du in (positiven) Aussagen.
I don't want **any** chocolate, thank you. We haven't got **any** homework today! They didn't buy **any** apples.	***Any*** benutzt du in verneinten Sätzen.
Is there **any** milk on the table? Have we got **any** candles at home?	In Fragen benutzt du ***any***.

```
A
NEGATIVE   S
Y        POSITIVE
           M
           E
```

My grammar
Schreibe auf, was du in deinem Federmäppchen hast und was nicht. Verwende *some* oder *any*.

Test yourself
Complete the sentences with 'some' or 'any'.

A: Have you got … sandwiches?
B: No, and I haven't got … apples, but I have got … brownies.
Would you like one?

Das Nomen

6 Die Mehrzahlformen/Pluralformen
Plural forms

RL 1, Unit 1

Du kannst den Plural (Mehrzahl) der meisten englischen Substantive (Hauptwörter) bilden, indem du ein **-s** direkt an die Singularform (Einzahlform) anhängst.
-es schreibt man, wenn das Wort bereits mit einem Zischlaut [s, z, ʃ, tʃ, ʒ, dʒ] endet, wie *box – boxes* oder *sandwich – sandwiches.*

Singular (Einzahl)	**Plural** (Mehrzahl)
a book	five book**s**
a dog	two dog**s**
a sandwich	five sandwich**es**

Die Aussprache des Plural-*s*

Nach den stimmlosen Konsonanten [p, t, k, f, θ] wird das Plural-*s* stimmlos (scharf) ausgesprochen **[s]**.	Nach Vokalen und nach stimmhaften Konsonanten [b, d, g, l, m, n, ð, v] wird das Plural-*s* stimmhaft (weich) ausgesprochen **[z]**.	Nach Zischlauten [s, z, ʃ, tʃ, ʒ, dʒ] wird die Pluralendung **[ɪz]** gesprochen und *(e)s* geschrieben.

[s]	**[z]**	**[ɪz]**
five boo**ks** [ks]	five tr**ees** [iːz]	two exerci**ses** [zɪz]
three grou**ps** [ps]	two do**gs** [gz]	three sandwi**ches** [dʒɪz]
two uni**ts** [ts]	four frien**ds** [dz]	ten pa**ges** [dʒɪz]

Wenn ein Wort mit einem Zischlaut endet und mit *-e* am Ende geschrieben wird (z. B. *pencil case*), hängt man nur ein ***-s*** an: *pencil cases.* Wenn ein Wort mit einem Zischlaut ohne ***-e*** endet, hängt man ***-es*** an (z. B. *sandwiches*). Die Aussprache lautet in beiden Fällen **[ɪz]**.

My grammar
Mache drei Listen mit weiteren Wörtern, deren Mehrzahl mit [s], [z] und [ɪz] ausgesprochen wird.

Test yourself
Write the plural of these words. Then say the words.

1. idiot 2. crisp 3. folder 4. sentence 5. cupboard 6. sandwich

7 Der Plural der Substantive (unregelmäßiger Plural)
The plural of nouns (irregular plural)

RL 1, Unit 6

Wie du weißt, wird der Plural der meisten englischen Substantive *(nouns)* gebildet, indem man ein **-s** (oder manchmal *-es*) an die Singularform hängt: *one word – five word**s**; one sandwich – two sandwich**es***.
Bei einigen der Pluralformen, die auf **-s** enden, gibt es bei Schreibung und Aussprache Besonderheiten:

baby country family story	bab**ies** countr**ies** famil**ies** stor**ies**	Wenn ein Substantiv auf einem **Konsonanten + *y*** endet (z. B. *baby*), so ist die Pluralendung ***-ies***. (Steht vor dem *y* jedoch ein Vokal, bleibt das *y*: *boy – boys, day – days*.)
life [-f]	lives [-vz]	Substantive, die auf ***-f(e)*** enden, haben meist die Pluralendung ***-ves***.

Es gibt eine kleine Anzahl von unregelmäßigen Pluralformen, die du einzeln lernen musst. Du findest diese Pluralformen in der *Vocabulary*-Liste immer hinter der Singularform:

foot – f**ee**t goose – g**ee**se mouse – mice	Bei diesen Wörtern ändert sich der Vokal. 
child – child**ren** [tʃaɪld] ['tʃɪldrən]	Das Wort *child* bekommt die Endung *-ren* und die Aussprache der ersten Silbe ändert sich.
sheep – sheep	Bei *sheep* und einigen anderen Wörtern, denen du noch begegnen wirst, ändert sich die Pluralform **nicht** und es wird auch kein -s angehängt!
person – **people**	Wenn eine Gruppe von Menschen gemeint ist (deutsch: **Leute**), benutzt man das Wort ***people***. Eine einzelne Person ist ***a person***.

Test yourself
Write the plural of these words. Then say the words.

1. diary 2. teacher 3. mouse 4. child 5. people 6. bike
7. bus 8. baby 9. foot 10. man 11. sheep

8 Der *s*-Genitiv
The s-genitive

RL 1, Unit 2

Wenn du sagen möchtest, dass etwas jemandem gehört oder zugeordnet ist, kannst du das mit dem ***s*-Genitiv** tun. Er wird bei Personen und auch bei Tieren verwendet.
Dazu hängt man einfach ein ***'s*** an: ***Terry's cat*** oder ***the girl's name***.

Singular (Einzahl)

The cat**'s** name is Tiger.	**[s]**	*Der Name **der** Katze …*
Jade is Lisa**'s** sister.	**[s]**	*Jade ist Lisas Schwester.*
The teache**r's** computer is old.	**[z]**	*Der Computer **der** Lehrerin …*
Tom is Tes**s's** brother.	**[sɪz]**	*… der Bruder **von** Tess.*

Die Aussprache des *'s* folgt den gleichen Regeln wie beim Plural-*s*.
(siehe **6**)

Bei Pluralformen, die ohnehin auf -s enden, hängst du im Genitiv nur einen Apostroph an das **-s** an: ***s'***.

Plural (Mehrzahl)

The girl**s'** bags are new.	**[z]**	*Die Taschen **der** Mädchen …*
The Spencer**s'** flat is in Wendover Road.	**[z]**	*Die Wohnung **der** Familie Spencer …*

The **girl's** bike is new. ⟷ The **girls'** bikes are new.

Du kannst den s-Genitiv auch für **Ortsangaben** benutzen.

Marco is a hairdresser at Taylor**'s**. (= at the Taylor's shop)
They had dinner at the Stapletons**'**. (= at the Stapletons' house)

Test yourself
Complete the sentences.

1. There's my sister and there's my … *(sister)* bike.
2. Those boys have got dogs. Oh look! There are the … *(boy)* dogs.
3. That's the Carter family and there's the … *(Carter)* shop.
4. Where are the … *(children)* bikes?

9 Der *of*-Genitiv
The of-genitive

RL 1, Unit 5

Um zu sagen, dass etwas zu einer Sache gehört, brauchst du den *of*-Genitiv: *the first page of the book.*

There's a car at the end **of** the street.	It's Terry's dad's taxi.
Friday is the fifth day **of** the week.	It's Sam's birthday.

Pronomen und Begleiter

10 Personalpronomen: die Subjektform
Personal pronouns

RL 1, Unit 1

Die Personalpronomen werden auch **persönliche FÜRwörter** genannt, weil sie **FÜR** Personen, **FÜR** Tiere oder **FÜR** Gegenstände stehen.

I	*ich*	**I**'m a mouse.
you	*du/Sie*	**You**'re twelve.
he	*er*	**He**'s from Istanbul.
she	*sie*	**She**'s my teacher.
it	*es*	**It**'s a big school.
we	*wir*	**We**'re in the right classroom.
you	*ihr/Sie*	**You**'re friends.
they	*sie*	**They**'re new here.

You kann **du**, **Sie** oder **ihr** heißen.

He steht immer für eine männliche Person!
She steht immer für eine weibliche Person!
Für Tiere, deren Namen man kennt, verwendet man ***he*** oder ***she***!

Für Sachen wird im Englischen immer ***it*** verwendet!
Auch für Tiere, deren Namen man nicht kennt, verwendet man ***it***!

Test yourself
Complete the sentences.

A: Hello. …'m Suzanne and this is Peter. …'s my friend. …'re in Year 7. Are … in Year 7, too?
B: No, I'm in Year 9. Look! That's Emma. …'s in Year 7 and there are Mr Carter and Mrs Newman. … are two tutors and … are very nice.

11 Die Personalpronomen: die Objektform

Object pronouns

RL 1, Unit 4

Du kennst bereits die Personalpronomen in der Subjektform (*I, you, he, she* usw.). Sie sagen, wer oder was etwas tut. Diese Pronomen gibt es auch in der Objektform. Sie sagen auf wen oder was sich eine Handlung bezieht.
Im Englischen gibt es jeweils nur eine Form, z. B. *me*, im Deutschen meistens zwei: mir, mich.

Subjektform		**Objektform**		
I	Show	**me**	the way, please.	*mir*
	Can you see	**me**	in the photo?	*mich*
you	I can tell	**you**	the way.	*dir/Ihnen*
	We can see	**you**	in the photo.	*dich/Sie*
he	Terry's here. Talk to	**him**	now.	*ihm*
	My dad? Let's ask	**him.**		*ihn*
she	Please show	**her**	this letter.	*ihr*
	Where is she? I can't find	**her.**		*sie*
it	Here's a ball. Play with	**it.**		*ihm*
	Where? I can't see	**it.**		*es*
we	Please help	**us**	with the picture.	*uns*
	Can you take	**us**	to school, Dad?	*uns*
you	I can show	**you**	the way.	*euch/Ihnen*
	But I can't take	**you**	there.	*euch/Sie*
they	My parents? Yes, talk to	**them.**		*ihnen*
	Let's ask	**them.**		*sie*

Test yourself

Complete the sentences.

1. A: This is James. …'s new here. Can you take … to the cafeteria, please?
   B: Yes, of course. He can come with … . And here are my friends, Tony and Ted. … are in our class, too. We always eat together. You can eat with … .
2. A: Can you help …? I can't find the ball. Have you got …?
   B: No, but I think Grace can help … Look! …'s over there. You can ask … .
   A: Look! There are Lisa and Robert over there. She's with … .

12 Die Possessivbegleiter
The possessive determiners

RL 1, Unit 2

Mit den Possessivbegleitern kannst du ausdrücken, wem etwas gehört oder zu wem jemand gehört.

Is that **your** book, Tom?

Yes, it's **my** new mouse book.

Personal pronouns		*Possessive determiners*	
I	'm from Greenwich.	**My**	name is Terry.
You	're in Year 7, Terry.	**Your**	tutor is Mrs Carter.
He	's eleven.	**His**	friend is eleven, too.
She	's in my tutor group.	**Her**	name is Lisa.
It	's the Brooks' flat.	**Its**	rooms are very small.
We	're in Year 7.	**Our**	classroom is nice.
You	're late, boys!	**Your**	bags aren't here.
They	're at Thomas Tallis School.	**Their**	school is in Greenwich.

Your kann „dein", „euer" oder „Ihr" heißen. Es kommt auf den Zusammenhang an:

- I'm **your** new German teacher, Sam. — *Ich bin **dein** …*
- I'm **your** tutor, boys and girls. — *Ich bin **euer** …*
- Is this **your** pen, Mrs Carter? — *Ist das **Ihr** …*

Your und ***you're***, ***its*** und ***it's***, ***their*** und ***they're*** werden gleich ausgesprochen, aber unterschiedlich geschrieben. Die Possessivbegleiter haben keinen Apostroph.

Denk dran:
it's steht für *it is*,
you're steht für *you are*,
they're steht für *they are*.

My grammar
Erkläre deinem/r Partner/in, was Possessivbegleiter sind und wozu man sie verwendet.

13 Possessivpronomen
Possessive pronouns

RL 2, Unit 3

Mit den Possessivpronomen (*mine, his, ours* usw.) kannst du angeben, wem etwas gehört.

That's a nice bag.	– It's **mine**.
Is that my sandwich?	– Yes, it's **yours**.
Is that Terry's orange?	– Yes, it's **his**.
Is that your bike?	– No, it's **hers**.
Are these our new lockers?	– Yes, they're **ours**.
I like your pictures.	– Oh, they're **theirs**.

Possessivpronomen verwendet man dann, wenn man das Substantiv nicht wiederholen möchte. Anstelle von *It's my bag.* sagt man einfach *It's mine.*

Die Possessivpronomen darfst du nicht mit den Possessivbegleitern (*my, your* usw.) verwechseln: Is that **my** mobile? – No, that's **mine**.
Im Deutschen funktioniert das genauso:
*Ist das **mein** Handy? – Nein, das ist **meins**.*

14 *This/that – these/those*

RL 1, Unit 3

This und ***these*** kannst du gebrauchen, um über Dinge und Personen zu sprechen, die in deiner Nähe sind. ***That*** und ***those*** gebrauchst du, um auf Dinge oder Personen zu weisen, die weiter weg sind. ***This*** und ***that*** sind die Singularformen, ***these*** und ***those*** sind die Pluralformen.

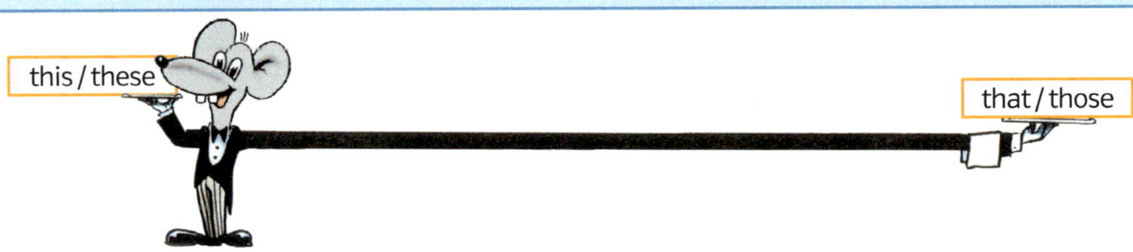

Einzahl	Mehrzahl	Signalwort	
this	**these**	**here**	*das/dies(e) hier*
that	**those**	**over there**	*das/die dort*

My grammar
Schaue dich um und sage etwas über die Sachen oder Menschen, die in deiner Nähe oder weiter weg sind. Verwende *this, that, these, those* sowie *here* und *over there*.

Das Adjektiv

15 Die Steigerung von Adjektiven mit *-er* und *-est*

The comparison of adjectives with '-er' and '-est'

RL 2, Unit 2

Du kannst Adjektive benutzen, um Personen, Tiere oder Dinge zu beschreiben. Adjektive drücken Eigenschaften aus: *Meine Katze ist **dick**.*
Wenn du Personen, Tiere oder Dinge miteinander vergleichst, benötigst du die Steigerungsformen der Adjektive: *Deine Katze ist **dicker**.* Im Englischen funktioniert das bei einsilbigen und manchen zweisilbigen Adjektiven ähnlich wie im Deutschen (klein – kleiner – am kleinsten).

fast   fast**er**   fast**est**

Grundform *basic form*	**1. Steigerung** *comparative*	**2. Steigerung** *superlative*	Mit *-er* und *-est* werden folgende Adjektive gesteigert:
fast small	fast **er** small **er**	(the) fast **est** (the) small **est**	• **alle einsilbigen Adjektive**
nice	nic **er**	(the) nic **est**	→ Ein stummes ***e*** am Ende fällt bei der Steigerung weg.
big hot	big **ger** hot **ter**	(the) big **gest** (the) hot **test**	→ Der Endkonsonant wird nach einem kurzen betonten Vokal verdoppelt.
busy funny	bus **ier** funn **ier**	(the) bus **iest** (the) funn **iest**	• **alle zweisilbigen Adjektive, die auf *-y* enden** (dabei wird *y* zu *i*)

Achtung Aussprache!
Bei der Endung *-nger* und *-ngest* wird das **g** gesprochen.
Vergleiche:
long [lɒŋ] – longer ['lɒŋgə] – (the) longest ['lɒŋgɪst]

Die Adjektive ***good*** und ***bad*** haben unregelmäßige Steigerungsformen.
(Das ist auch im Deutschen so.)

good	better	(the) best	*gut – besser – der/die/das beste …*
bad	worse	(the) worst	*schlecht – schlechter – der/die/das schlechteste …*

16 Die Steigerung von Adjektiven mit *more* und *most*

The comparison of adjectives with 'more' and 'most'

RL 2, Unit 2

Bei zwei- oder mehrsilbigen Adjektiven bildest du die Steigerung mit ***more*** und ***most*** + Adjektiv. (Das Adjektiv verändert sich dabei nicht!)

Grundform *basic form*	**1. Steigerung** *comparative*	**2. Steigerung** *superlative*
expensive	**more** expensive	(the) **most** expensive
famous	**more** famous	(the) **most** famous

Mit ***more*** und ***most*** werden folgende Adjektive gesteigert:

- alle Adjektive, die drei oder mehr Silben haben.
- die meisten zweisilbigen Adjektive, die nicht auf *-y* enden.

My grammar
Erkläre deinem/r Partner/in, wann du *more* und *most* verwendest.

Test yourself
Complete the table.

beautiful	more beautiful	
bad		
careful		
clean		cleanest
difficult		
dirty		
good		
hungry		
large		

17 Der Vergleich im Satz
Sentences with comparison

RL 2, Unit 2

Mithilfe von Adjektiven kannst du auch ausdrücken, dass Personen, Tiere oder Dinge gleich oder ungleich sind. Hierfür benutzt du ***than*** oder ***(not) as … as***.

Gleichheit

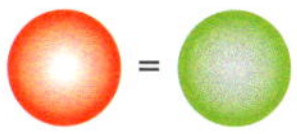

£15 = £15

The red ball is	**as big as**	the green ball.	*genauso groß wie*
The red ball is	**as expensive as**	the green ball.	*genauso teuer wie*

Ungleichheit

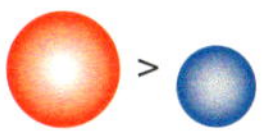

£15 > £7

The red ball is	**bigger than**	the blue ball.	*größer als*
The red ball is	**more expensive than**	the blue ball.	*teurer als*

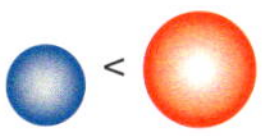

£7 < £15

The blue ball is	**not as big as**	the red ball.	*nicht so groß wie*
The blue ball is	**not as expensive as**	the red ball.	*nicht so teuer wie*

Than (**als**) wird mit **a** geschrieben.
Du darfst es nicht mit *then* (dann) verwechseln!

Merk dir:
When? – *then*
als – *than*

My grammar
Denke an zwei Menschen, die du kennst und vergleiche sie. Denke dann an Sachen, die du hast oder gern hättest und vergleiche sie. Schreibe jeweils zwei Sätze.

Test yourself
Compare the pictures and complete the sentences.

Terry
fast

Tim
not very fast

Tom
very fast

1. a. Tom is … *(fast)* mouse.
   b. Tim is … *(fast)* Terry.
   c. Tim is … *(big)* Terry.
   d. Tom … *(big)* mouse.

price 75 pounds, very cool

200 pounds, very cool

5 pounds fifty, not cool

2. a. The camera is … *(expensive)* thing.
   b. The camera is … *(cool)* umbrella.
   c. The mobile is … *(expensive)* the umbrella.
   d. The mobile is … *(cool)* the camera.

Das Adverb

18 Adverbien der Art und Weise
Adverbs of manner

RL 2, Unit 5

Wenn du ausdrücken willst, **wie** jemand etwas macht, kannst du ein **Adverb der Art und Weise *(adverb of manner)*** benutzen.

Die meisten dieser Adverbien kannst du aus Adjektiven bilden, indem du *-ly* an das Adjektiv anhängst: *bad → badly; nice → nicely; quick → quickly*

Emma has got a **beautiful** voice.	Emma sings **beautiful** **ly** .
Ben's cooking is **bad**.	Ben cooks **bad** **ly** .
Terry is **careful** with his pocket money.	Terry spends his money **careful** **ly** .

Im Deutschen haben Adjektiv und Adverb meist dieselbe Form:

Adjektiv: ***schön***	**Adverb:** ***schön***
*Emma hat eine **schöne** Stimme.* *Ihre Stimme ist **schön**.*	*Emma singt **schön**.*

Im Englischen ist das anders:

Adjektiv: beautiful	**Adverb: beautifully**
Emma has got a **beautiful** voice. Her voice is **beautiful**.	Emma sings **beautiful** **ly** .

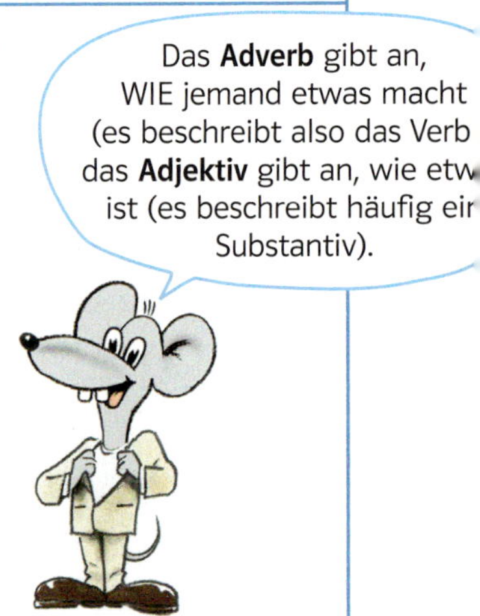

Beim Anhängen der *ly*-Endung musst du einige Regeln beachten.

Adjektiv	**Adverb**	**Regel zur Schreibweise:**
terrible	terrib **ly**	Sind am Ende des Adjektivs zwei Konsonanten + *e*, fällt das stumme ***e*** vor *ly* weg.
angry	angr **ily**	*-y* am Ende des Adjektivs wird vor *-ly* zu ***i***.
fantastic	fantastic **ally**	Wenn das Adjektiv auf *-ic* endet, hängt man *-ally* an.

Neben diesen regelmäßigen Adverbien gibt es einige Ausnahmen, die du auswendig lernen musst:

Adjektiv	**Adverb**
This is **good** food.	Yes, Grandma cooks **well** .
Has Terry's dad got a **fast** car?	No, his car doesn't go **fast** .
This homework is **hard**.	Emma worked **hard** .

My grammar
Erkläre deinem/r Partner/in, wann du ein Adjektiv und wann du ein Adverb benutzt.

Test yourself
Adjective or adverb? Complete the sentences.

1. I am a ... person. I do everything ... . *(careful)*
2. You've got a ... bike, but you don't ride it very ... . *(fast)*
3. Julie is very ... at music and she sings ..., too. *(good)*
4. I did my homework ..., now I can have a ... break. *(quick)*

19 Die Steigerung des Adverbs

The comparison of adverbs

RL 2, Unit 5

Die Steigerung der Adverbien braucht man eher selten. Sie funktioniert ähnlich wie die Steigerung der Adjektive.

Sometimes I work **hard**. But my sister works **harder**. And my mum works **hardest** of us all.	• Einsilbige Adverbien werden mit *-er* und *-est* gesteigert.
Sam doesn't sing very **beautifully**. Terry sings **more beautifully**. But Emma sings **most beautifully** of all three.	• Adverbien mit der Endung *-ly* werden wie mehrsilbige Adjektive mit *more* und *most* gesteigert.

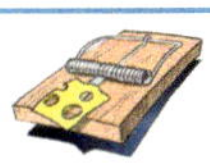

Achte auf diese beiden **unregelmäßigen Formen**:
well – better – best badly – worse – worst

My grammar
Denke an eine Person, die du gut kennst. Schreibe auf, was du besser kannst als sie oder er. Schreibe dann auf, was du nicht so gut, schnell oder schön kannst.

Die Zeitformen des Verbs

20 Das Verb *to be*: Langformen
The long forms of the verb 'to be'

RL 1, Unit 1

Das Verb ***to be*** brauchst du, wenn du Aussagen zu Personen oder Gegenständen machen willst. Genau wie das deutsche Verb **„sein"** (bin, bist, sind, seid) ändert sich das englische Verb *to be* auch jeweils nach der Person. *To be* kann in Lang- oder Kurzformen auftreten. Die Langform verwendet man meist beim Schreiben.

I	**am**	*ich bin*	I	**am**	new here.
you	**are**	*du bist/Sie sind*	You	**are**	late, Sam.
he	**is**	*er ist*	He	**is**	eleven.
she	**is**	*sie ist*	She	**is**	from Bristol.
it	**is**	*es ist*	It	**is**	a big school.
we	**are**	*wir sind*	We	**are**	at Thomas Tallis.
you	**are**	*ihr seid/Sie sind*	You	**are**	here.
they	**are**	*sie sind*	They	**are**	my friends.

21 Das Verb *to be*: Kurzformen
The short forms of the verb 'to be'

RL 1, Unit 1

Wenn man Englisch spricht, wird oft eine Silbe verschluckt. So kann man schneller und flüssiger sprechen. Diese Kurzform verwendet man auch, wenn man Gespräche aufschreibt oder an Freunde schreibt.

I	**'m**	*ich bin*	I**'m**	new in Greenwich.
you	**'re**	*du bist/Sie sind*	You**'re**	late, Sam.
he	**'s**	*er ist*	He**'s**	eleven.
she	**'s**	*sie ist*	She**'s**	from Bristol.
it	**'s**	*es ist*	It**'s**	a big school.
we	**'re**	*wir sind*	We**'re**	at Thomas Tallis.
you	**'re**	*ihr seid/Sie sind*	You**'re**	here.
they	**'re**	*sie sind*	They**'re**	my friends.

Beim Schreiben setzt man einen Apostroph ('), um zu zeigen, dass ein Buchstabe weggefallen ist.

22 Die Verneinung des Verbs *to be*
The negative of the verb 'to be'

RL 1, Unit 1

Wenn du die Formen von *to be* verneinen willst, fügst du nach *am*, *is* und *are* einfach ***not*** ein.

I	**am not**	*ich bin nicht*	I**'m not** new in Greenwich.
	'm not		
you	**are not**	*du bist nicht/Sie sind nicht*	You **aren't** late, Sam.
	aren't		
he / she / it	**is not**	*er/sie/es ist nicht*	He / She **isn't** eleven.
	isn't		It **isn't** a big school.
we	**are not**	*wir sind nicht*	We **aren't** at Thomas Tallis.
	aren't		
you	**are not**	*ihr seid/Sie sind nicht*	You **aren't** here.
	aren't		
they	**are not**	*sie sind nicht*	They **aren't** my friends.
	aren't		

Manchmal findet man auch die Kurzformen *you're not, she's not, he's not, it's not, we're not, they're not.*

Die einzige Kurzform von *I am not* ist *I'm not.*

My grammar
Erzähle deinem/r Partner/in über dich selbst und über deine Geschwister und Freunde. Wie alt sind sie? Wo sind sie jetzt? Woher kommen sie?

Test yourself
Write the sentences in the long form.

1. I'm Nina and I'm very nice.
2. He's my brother and he isn't nice.
3. They're my friends but they aren't at my school.
4. Tom, you aren't at my school. You're my cat!
5. She isn't from Greenwich. She's from London.
6. We're at Thomas Tallis. It's a big school.

23 Das Verb *to be* in Fragen und Kurzantworten
Questions and short answers with 'to be'

RL 1, Unit 1

Terry **is** at Thomas Tallis. → **Is** **Terry** at Thomas Tallis?

Terry ***ist*** *auf der Thomas Tallis Schule.* → ***Ist*** ***Terry*** *auf der Thomas Tallis Schule?*

Wenn du eine Frage mit den Formen von *to be* bilden willst, stellst du einfach das Verb an den Satzanfang. Das funktioniert genauso wie im Deutschen.

Am I … ?	*Bin ich …?*	**Am** I late?
Are you … ?	*Bist du …?/Sind Sie …?*	**Are** you from Greenwich?
Is he/she / it … ?	*Ist er/sie/es …?*	**Is** he / she at Thomas Tallis? **Is** it in your bag?
Are we … ?	*Sind wir …?*	**Are** we late?
Are you … ?	*Seid ihr …?/Sind Sie …?*	**Are** you new in Greenwich?
Are they … ?	*Sind sie …?*	**Are** they in your tutor group?

Wenn du auf eine Frage antwortest, können *yes* oder *no* allein manchmal etwas unhöflich klingen. Deshalb antwortet man meistens mit einem verkürzten Satz, einer **Kurzantwort**, die höflicher klingt.

Am I late?	Yes, **you are.**	No, **you aren't.**
Are you from Greenwich?	Yes, **I am.**	No, **I'm not.**
Is he at Thomas Tallis?	Yes, **he is.**	No, **he isn't.**
Is she from Bristol?	Yes, **she is.**	No, **she isn't.**
Is it in your bag?	Yes, **it is.**	No, **it isn't.**
Are we late?	Yes, **you are.**	No, **you aren't.**
Are you new in Greenwich?	Yes, **we are.**	No, **we aren't.**
Are they in your group?	Yes, **they are.**	No, **they aren't.**

My grammar
Schreibe drei einfache Fragen, die mit *is*, *are* oder *am* anfangen und beantworte sie mit Kurzantworten.

Test yourself
Complete the dialogue.

A: Hello. I'… Alexandra. … you new here?
B: Yes, I … . I'… Lisa. … they your friends?
A: Yes, they … . They'… nice, but they … *(not)* in my tutor group.
B: And who … that? … she the English teacher?
A: No, she … *(not)*. She is my mum. But she' … a teacher, too.

24 *have got/has got*

RL 1, Unit 2

Wenn du sagen möchtest, dass jemand etwas hat oder besitzt, verwendest du das Verb ***have got/has got.*** Die Kurzform lautet *'ve got/'s got.*
Wenn du sagen willst, dass jemand etwas nicht hat oder nicht besitzt, kannst du ***n't*** (die verkürzte Form von *not*) direkt an *have/has* anhängen.

I	**'ve got**	a small room.	I	**haven't** got	a computer.
You	**'ve got**	nice friends.	You	**haven't** got	a big room, Emma.
He	**'s got**	a new football.	He	**hasn't** got	a mobile.
She	**'s got**	a big sister.	She	**hasn't** got	her English book.
It	**'s got**	three bedrooms.	It	**hasn't** got	a big garden.
We	**'ve got**	a new English teacher.	We	**haven't** got	a sofa in our classroom.
You	**'ve got**	two new folders.	You	**haven't** got	your bags, girls.
They	**'ve got**	five trees.	They	**haven't** got	a TV in their room.

n't/not muss immer zwischen *have* und *got* stehen!

Verwechsle nicht die Kurzformen von ***has*** und ***is***:
She's got a big sister. = She **has** got a big sister.
She's Ben's sister. = She **is** Ben's sister.

Wie beim Verb *to be* verwendet man die Langformen von *have got/has got* eher in der geschriebenen Sprache (die Kurzformen eher beim Sprechen).

I	**have got**	a small room.	I	have **not** got	a computer.
You	**have got**	nice friends.	You	have **not** got	a big room, Emma.
He	**has got**	a new football.	He	has **not** got	a mobile.
She	**has got**	a big sister.	She	has **not** got	her English book.
It	**has got**	three bedrooms.	It	has **not** got	a big garden.
We	**have got**	a new English teacher.	We	have **not** got	a sofa in our classroom.
You	**have got**	two new folders.	You	have **not** got	your bags, girls.
They	**have got**	five trees.	They	have **not** got	a TV in their room.

My grammar
Sieh dich in deinem Zimmer um. Nenne drei Sachen, die du hast. Nenne auch drei Sachen, die du nicht hast. Verwende *have got* und *haven't got.*

25 *have got/has got*: Fragen und Kurzantworten
Questions and short answers

RL 1, Unit 2

Wenn du Fragen mit ***have got/has got*** bilden möchtest, musst du den Fragesatz mit ***have*** oder ***has*** beginnen.

Terry **has** **got** a new mobile.	**Has** Terry **got** a new mobile?

Wie bei *to be* kannst du mit *have got/has got* Kurzantworten geben. Dabei wird *got* einfach weggelassen und nur *have* oder *has* wiederholt.

Have I **got** my homework?	– Yes, you have.	– No, you haven't.
Have you **got** a football, Emma?	– Yes, I have.	– No, I haven't.
Has Terry **got** friends?	– Yes, he has.	– No, he hasn't.
Has Mrs Carter **got** a German book?	– Yes, she has.	– No, she hasn't.
Has Terry's shed **got** three chairs?	– Yes, it has.	– No, it hasn't.
Have we **got** homework?	– Yes, you have.	– No, you haven't.
Have you **got** a computer?	– Yes, we have.	– No, we haven't.
Have they **got** a new flat?	– Yes, they have.	– No, they haven't.

My grammar
Wann verwendest du *have got* und wann *has got*? Erkläre es deinem/r Partner/in.

Test yourself
Complete the dialogue.

Emma: … Lisa got a brother?
Terry: Yes, she … and she's … a sister, too.
Emma: … Sam … a brother?
Terry: No, he … . He … got a brother or a sister.
Emma: … Lisa and her brother and sister … a dog?
Terry: Yes, they … .
Emma: And … you … a dog, Terry?
Terry: No, I … but I'… … a cat.

26 Der Imperativ/Die Befehlsform
The imperative

RL 1, Unit 2

Mit dieser Form kannst du jemanden auffordern, etwas zu tun *(Listen!)* oder nicht zu tun *(Don't go!)*. Wie im Deutschen drückt der Imperativ eine Bitte, eine Warnung oder einen Befehl aus.

Open your books, please.
Please **be** quiet.
Help your brother, please, Lisa.

Den Imperativ (die Befehlsform) bildest du mit der Grundform des Verbs ohne *to*.

Don't play football in here, boys.
Please **don't call** Terry now.
Don't write in your English books.

Der verneinte Imperativ wird mit ***don't*** und der Grundform des Verbs gebildet. (Die Langform von *don't* ist *do not*.)

Der Imperativ hat immer die gleiche Form, egal ob eine oder mehrere Personen angesprochen werden: *Don't play football in here.* – Spiel nicht / Spielt nicht … .

Wenn man höflich sein will, sollte das Wort *please* nicht fehlen. Es steht oft am Anfang oder am Ende des Satzes.

Test yourself
Say the sentences in English.

1. Komm bitte her.
2. Bitte lies mein Buch nicht.
3. Bitte spielt nicht mit meinem neuen Fußball.
4. Macht bitte die Tür auf.
5. Frag deine Mutter.
6. Legt die Hefte auf den Tisch.

27 Die einfache Form der Gegenwart
The simple present

RL 1, Unit 3

Wenn du sagen möchtest, dass etwas eine Tatsache ist oder häufig oder regelmäßig geschieht, gebrauchst du das ***simple present***. Bei ***I, you, we*** und ***they*** hat das *simple present* die gleiche Form wie der Infinitiv (die Grundform des Verbs).

I	**play**	football.	We	**play**	in the band.
You	**play**	basketball at school.	They	**play**	computer games.

Das *simple present* gebrauchst du auch, um zu erzählen, wie jemand mehrere Dinge nacheinander tut: *First they go to Terry's house. Then they go into the garden. They look at Terry's shed. Tiger is on the shed. …*

28 Das -s in der 3. Person Singular
The -s in the 3rd person singular

RL 1, Unit 3

Bei *he, she* und *it* (3. Person Singular) hängst du im *simple present* ein **-s** an das Verb an. Beim Schreiben und Sprechen musst du dir einige Besonderheiten merken!
- Nach Zischlauten wie *sh* [ʃ] oder *ch* [tʃ] wird ein ***-es*** angehängt.
- Die Aussprache der ***(e)s*-Laute** ist wie beim Plural-**s** (siehe **6**).

Emma	**gets up**	at 7 o'clock.	[s]
She	**talks**	to Terry.	[s]
Terry often	**plays**	the drums.	[z]
Lisa sometimes	**swims**	after school.	[z]
School	**finishes**	at 3:20.	[ɪz]
Grandma always	**watches**	TV in the evenings.	[ɪz]

Auch bei ***go*** und ***do*** wird beim Schreiben ein ***-es*** angehängt. *Goes* und *does* werden aber unterschiedlich ausgesprochen!

Emma	**goes**	to dance lessons.	[gəʊz]
She always	**does**	her homework.	[dʌz]

My grammar
Erkläre deinem/r Partner/in, wann du -s und wann du -es an ein Verb anhängen musst.

Test yourself
Complete the sentences. Then say the sentences.

1. I always … *(do)* my homework.
2. Marco often … *(go)* swimming.
3. You … *(eat)* breakfast at eight o'clock.
4. Lisa … *(play)* with Barker.
5. They sometimes … *(watch)* a film in the evening.

29 Die einfache Gegenwart: Verneinung
The simple present: negatives

RL 1, Unit 4

Du kennst bereits verschiedene Formen der Verneinung:

We	**haven't**	got German today.
They	**aren't**	in their room.

Wenn der Satz ein **Hilfsverb** wie *have/has* enthält oder eine Form von *to be*, hängst du einfach *not/n't* an.

Wenn nur ein **Vollverb** im Satz steht, das keine Form von *to be* ist, und der Satz kein Hilfsverb enthält, dann setzt du zur Verneinung das Hilfsverb ***don't*** vor das Verb. *Don't* ist die Kurzform von *do not.*

I	**don't**	like	buses.
You	**don't**	go	to school by taxi.
We	**don't**	know	everything.
They	**don't**	like	the same films.

My grammar
Erkläre deinem/r Partner/in, wie du die Verneinung bildest, wenn es im Satz nur ein Vollverb gibt.

Test yourself
a) *Make the sentences negative.*

1. I like school.
2. You have got a nice teacher.
3. She is new at our school.
4. We know the answer.
5. They eat breakfast in the morning.

b) *Write negative sentences with these words.*

1. play – not – tennis.
2. not – they – go – to bed late
3. a dog – we – have got.
4. never – do – you – your homework.
5. I – make – not – breakfast.

30 Die einfache Gegenwart: Fragen und Kurzantworten
The simple present: questions and short answers

RL 1, Unit 4

In einer Frage steht eine Form von *to be, have (got)* oder ein Hilfsverb (z. B. *can*) am Anfang. Wenn kein anderes Hilfsverb da ist, verwendest du ***do***. Das gleiche Hilfsverb wird dann in der Kurzantwort gebraucht.

Can	you	**read**	this?	– Yes, I **can** .
Are	we		late?	– No, you **aren't** .
Have	they	**got**	new computers?	– Yes, they **have** .
Do	you	**know**	the answer?	– Yes, I **do** .
Do	you	**like**	burgers?	– No, I **don't** .
Do	they	**go**	to Thomas Tallis?	– Yes, they **do** .

My grammar
Wann verwendest du *do*, um Fragen zu bilden? Erkläre es deinem/r Partner/in.

Test yourself
Complete the questions and short answers.

1. A: … *(you – like)* school? B: Yes, … .
2. A: … *(you – live)* in Greenwich? B: No, … .
3. A: … *(they – speak)* English? B: No, … .
4. A: … *(they – be)* your friends? B: Yes, … .

31 Verneinung, Fragen u. Kurzantworten in der 3. Person Singular
Negatives, questions and short answers in the 3rd person singular

RL 1, Unit 4

Wie du weißt, musst du in der 3. Person Singular in der einfachen Gegenwart immer ein ***-s*** oder ***-es*** an das Verb anhängen: ***he, she, it* – das s muss mit!** Das gilt natürlich auch für Fragen, Kurzantworten und die Verneinung. Aber hier gehört das -s zum Hilfsverb: du benutzt *has* statt *have* oder ***does*** [dʌz] statt *do*. Die verneinte Form heißt ***doesn't*** ['dʌznt].

Is	he		here?	– No, he **isn't** .
Has	she	**got**	a new computer?	– Yes, she **has** .
Does	Mr Jackson	**know**	the Cutty Sark?	– Yes, he **does** .
Does	she	**like**	burgers?	– No, she **doesn't** .

My grammar
Was musst du beachten, wenn du Fragen und Verneinungen in der 3. Person Singular bildest? Erkläre es deinem/r Partner/in.

Test yourself
Complete the questions and short answers.

1. A: … *(she – play)* the drums? B: Yes, … .
2. A: … *(he – have got)* a cat? B: Yes, … .
3. A: … *(Lisa – swim)* every day? B: No, … .
4. A: … *(Terry – watch)* football every day? B: No, … .

32 Fragen mit Fragewörtern
Questions with question words

RL 1, Unit 4

Wenn du nach einer bestimmten Person oder Sache fragen möchtest, setzt du ein **Fragewort** ganz an den Anfang der Frage. Erst danach kommt *do/does*, ein Hilfsverb wie *can* oder *have/has* oder eine Form von *to be*.

Who	**are**	you?	*Wer bist du?*
What	**can**	you do in the park?	*Was kannst du im Park machen?*
Where	**does**	the DLR go?	*Wohin fährt die DLR?*
Where	**do**	you live?	*Wo wohnt ihr?*
When	**does**	school start?	*Wann fängt die Schule an?*
Why	**have**	we got German now?	*Warum haben wir jetzt Deutsch?*
How	**do**	they get to Church Street?	*Wie kommen sie zur Church Street?*

Mit ***where*** kannst du nach dem Ort („**Wo?**") oder nach der Richtung („**Wohin?**") fragen.

Who? und ***Where?*** solltest du nicht verwechseln! *Who?* fragt nach einer Person, *Where?* fragt nach einem Ort oder einer Richtung

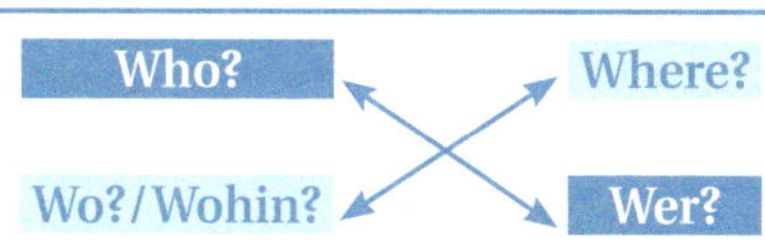

My grammar
Schreibe Fragen auf und stelle sie deinem/r Partner/in. Benutze dazu Fragewörter.

Test yourself
Write questions for the answers.

1. We play football **on Mondays**.
2. Lisa lives **in Greenwich**.
3. I get up at eight o'clock **because** school starts at quarter to nine.
4. They eat **sandwiches** for dinner.
5. That's **our new English** teacher.
6. She has got a **pencil case, a sandwich and a ball** in her bag.

33 *Would like to* und *want to* + Infinitiv

'Would like to' and 'want to' + infinitive

RL 1, Unit 5

Wenn du im Englischen einen Wunsch ausdrücken willst, kannst du ***would like to*** oder ***want to*** und den **Infinitiv** (die Grundform) eines Verbs verwenden. ***I would like to*** (ich möchte/ich würde gern) ist viel höflicher als ***I want to*** (ich will).

Die Kurzform von *would like to* ist ***'d like to***. *Would* ist ein Hilfsverb wie *can*, deshalb verändert sich die Form *would like to/'d like to* nie.

I	**would like to**	**visit**	Greenwich.
I	**'d like to**	**see**	the Cutty Sark.
	Would you like to	**go**	to Sam's party?
Sam	**would like to**	**have**	a party.
He	**'d like to**	**invite**	his friends to a pizza place.
He	**wouldn't like to**	**have**	a party in the flat.
We	**wouldn't like to**	**go**	to a pizza place.
We	**'d like to**	**have**	a pizza now.
	Would you like to	**have**	a pizza, too?
Terry and Lisa	**would like to**	**have**	an invitation to the party.
	Would they like to	**go**	to the cinema?

In einer Frage oder einer Verneinung verwendest du die Langform: *Would you like to?/I wouldn't like to.*

Want to ist ein Vollverb. Es wird in der einfachen Gegenwart *(simple present)* wie andere Verben gebildet: In der 3. Person Singular musst du ein -*s* anhängen: (*he – she – it:* das ***s*** muss mit!). *Want to* hat keine Kurzform.

I	**want to**	**see**	the Cutty Sark.
Sam/He	**wants to**	**invite**	his friends to a pizza place.
We	**want to**	**watch**	DVDs.
Terry and Lisa	**want to**	**play**	computer games.

Do	you	**want to**	**visit**	Greenwich?	– Yes, I	do.
Does	Sam	**want to**	**invite**	his friends to a pizza place?	– Yes, he	**does.**
Does	he	**want to**	**have**	a party in the flat?	– No, he	**doesn't.**
Do	they	**want to**	**play**	in the park?	– No, they	don't.

Bei einer Frage oder Verneinung musst du wie bei anderen Verben ***do/don't*** gebrauchen und in der 3. Person Singular entsprechend ***does/doesn't***.

34 Die Verlaufsform der Gegenwart

The present progressive

RL 1, Unit 5

Du kennst schon die einfache Form der Gegenwart *(simple present)*. Anders als im Deutschen gibt es im Englischen von allen Zeiten zwei verschiedene Formen, die man zu unterschiedlichen Zwecken verwendet. So gibt es in der Gegenwart neben dem *simple present* noch das ***present progressive*** (Verlaufsform der Gegenwart).

Die Verlaufsform der Gegenwart *(present progressive)* besteht aus einer

Form von ***to be*** und einem **Vollverb** + ***ing***.

Zum Verneinen fügst du *not* nach der Form von *to be* ein oder verwendest die entsprechende Kurzform *aren't* oder *isn't*.

I	**am** look**ing**	for a CD.
I	**'m** not buy**ing**	a book.
You	**'re** go**ing**	the wrong way!
You	**aren't** eat**ing**	your pizza!
The game	**is** start**ing**.	
Sam	**is** watch**ing**	it.
Emma	**isn't** watch**ing**	TV.
We	**'re** learn**ing**	English.
We	**aren't** mak**ing**	a poster.
You	**are** listen**ing**	to your Discman.
They	**'re** look**ing**	for a present.
They	**aren't** look**ing**	for T-shirts.

Mit dem *present progressive* kannst du ausdrücken, dass jemand gerade dabei ist, etwas zu tun oder etwas gerade tut und noch nicht damit fertig ist:
Terry is eating a sandwich.

Im Deutschen gibt es die Verlaufsform nicht! Wenn du diese Form im Deutschen wiedergeben möchtest, kannst du Ausdrücke wie **gerade, im Augenblick, im Moment** oder **jetzt** verwenden:
We're buying a T-shirt. – Wir kaufen gerade ein T-Shirt.

Einige Wörter kommen besonders häufig in Verbindung mit dem *present progressive* vor: ***now, right now, just, still***. Diese Wörter können für dich ein **Signal** sein, dass du die Verlaufsform benutzen musst: *I'm just doing my homework.*

35 Besonderheiten beim Schreiben der *-ing*-Form
Spelling the -ing form

RL 1, Unit 5

Steht ein kurzer Vokal (a, e, i, o, u) vor einem Konsonanten (z.B. m, p, t) am Ende des Verbs, verdoppelt sich der Konsonant: *swim* → *swi**mm**ing*

win	+ n	He is	wi**nn**ing	the game.
put	+ t	She is	pu**tt**ing	the things in her bag.

Ein Verb mit einem stummen **e** am Ende verliert das *e* vor der *-ing*-Endung.

danc~~e~~	She's	dan**cing**	on TV.
writ~~e~~	He's	wri**ting**	a note.

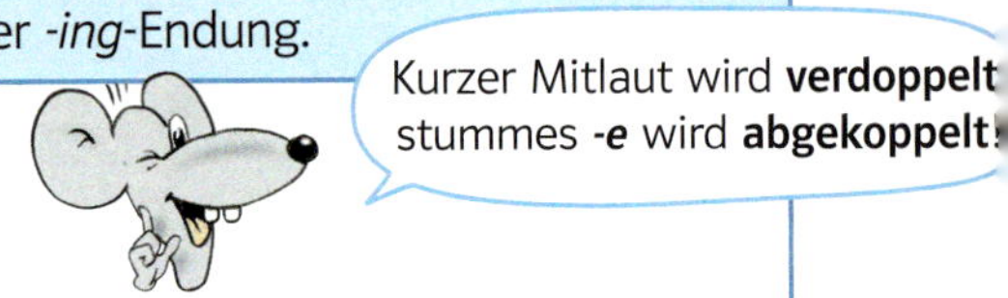

My grammar

1. Wie wird die Verlaufsform der Gegenwart gebildet? Erkläre es deinem/r Partner/in.
2. Was machst du gerade? Schreibe zwei Sätze.

Test yourself

Complete the sentences.

1. I am … *(still – wait)* for my friend at the bus stop.
2. She … *(talk)* on her mobile.
3. Now she … *(not – talk)* on her mobile.
4. She … *(put)* her mobile in her bag.
5. We … *(go)* to town together.
6. We … *(not – go)* by bus because the bus … *(just – leave)*.

36 Die Verlaufsform der Gegenwart: Fragen und Kurzantworten
The present progressive: questions and short answers

RL 1, Unit 5

Bei Fragen in der Verlaufsform steht die Langform von *to be* am Anfang des Satzes.
Bei Kurzantworten mit *Yes* verwendet man die Langform von *to be* (ohne Verb + *-ing*).
Bei Kurzantworten mit *No* gebrauchst du meistens die Kurzform: *I'm not, he/she/it isn't, we/you/they aren't.*

Are	you	listening	to your discman?	– Yes, I	**am.**
Is	Emma	buying	a computer?	– No, she	**isn't.**
Is	your mobile	working?		– Yes, it	**is.**
Are	we	going	to the shops?	– No, we	**aren't.**
Are	you	looking for	a CD?	– Yes, we	**are.**
Are	they	shopping	in town?	– No, they	**aren't.**

Genau wie bei anderen Fragen mit Fragewort kommt zuerst das Fragewort und dann das Hilfsverb. Das Hilfsverb der Verlaufsform ist eine Form von *to be*.

Who	am	I talking to?	
What	are	you listening to	on your discman?
Where	is	Emma shopping?	
When	is	the big game starting?	
How	are	we going to	the shops?
Who	are	you looking for?	
Where	are	they buying	Sam's present?

Test yourself

Complete the short dialogues.

1. A: … *(you – sit)* in your living room? B: Yes, … .
2. A: … *(your dad – watch)* TV? B: Yes, … .
3. A: … *(your brothers – do)* their homework? B: No, … . They … *(watch)* TV, too.
4. A: What … *(they – watch)*? B: Football. England … *(win)*.

37 Die einfache Form der Gegenwart und die Verlaufsform

The simple present forms and present progressive

RL 1, Unit 6

Look, Tom ***is playing*** football.

Tom ***plays*** football.

Wie du schon weißt, gibt es im Englischen zwei Formen der Gegenwart, das *present progressive* und das *simple present*. Diese beiden Formen darfst du nicht verwechseln.

present progressive	**simple present**
Oh, Terry **is eating** before dinner.	He **sometimes eats** sweets after lunch.
The children **are having** dinner at the hostel **this evening**.	They **always have** a dessert there.
Look, the farmer **is milking** the cows **now**.	He **always milks** them every morning and evening.

Mit dem *present progressive* drückst du aus, dass etwas gerade geschieht und noch nicht zu Ende ist. Sehr oft stehen in Sätzen mit dem *present progressive* **Signalwörter** wie ***now, just*** oder ***look***. Häufig wird es auch mit *this morning, this afternoon, this evening* und *today* verwendet.

Mit dem *simple present* drückst du aus, dass etwas regelmäßig, oft, manchmal oder nie passiert. **Signalwörter sind *usually, often, always, sometimes, never, every day, every year*** usw. *Simple present* verwendest du auch, um auszudrücken, dass etwas eine Tatsache ist. (Tom plays football.)

Hilfsverben wie *can, want* und *has/have* in *'have got'* haben keine Verlaufsform *(progressive form)*. *To be* und bestimmte Verben, die Gefühle ausdrücken, wie *to like* oder *want*, werden meist im *simple present* verwendet, sehr selten im *present progressive*.

My grammar
Wann verwendest du das *simple present* und wann das *present progressive*? Erkläre es deinem/r Partner/in.

Test yourself
Complete the sentences.

A weekend on a farm
I usually … *(take)* the dog for a walk before breakfast, but today I … *(feed)* the chickens. My dog … *(love)* his walk. But look! Now he … *(play)* with the farm dogs. My brother usually … *(get up)* late on Sunday, but he … *(help)* the farmer now. My mum and dad always … *(read)* the newspaper in the morning, but they haven't got a newspaper here. We … *(live)* in London, but now we … *(stay)* on a farm. My mum … *(help)* the farmer's wife now and my dad … *(drive)* the tractor. Oh no, Dad. What … *(you – do)* now? Dad … *(not – know)* much about tractors and now he can't stop it. The farmer is … *(run)* after him and my mum and the farmer's wife … *(laugh)*. My dad … *(love)* a joke, but he … *(not – laugh)* now.

38 Die einfache Vergangenheit: das Verb *to be*
The simple past: the verb 'to be'

RL 2, Unit 1

Du kennst bereits die einfache Gegenwart *(simple present)*. Die einfache Vergangenheit nennt man ***simple past***. Das *simple past* verwendest du, um von Ereignissen zu erzählen, die in der Vergangenheit passiert sind. Dabei werden *am* und *is* zu ***was*** und *are* wird zu ***were***.

I	**was**	in Scotland **in the summer**.
You	**were**	at home **in July**.
Rob	**was**	at a small school **last year**.
Emma	**was**	in France **in the holidays**.
It	**was**	hot and sunny **yesterday**.
We	**were**	all in Year 7 **last year**.
You	**were**	all in my tutor group.
They	**were**	on holiday **in August**.

simple present		*simple past*
am / is	→	was
are	→	were

Signalwörter
Zeitangaben der Vergangenheit wie z. B. ***yesterday, last …*** oder ***in the summer*** usw. weisen darauf hin, dass eine Handlung in der Vergangenheit stattgefunden hat. Diese Signalwörter zeigen dir, dass du *simple past* benutzen musst.

39 Die einfache Vergangenheit von *to be*: Verneinung
The simple past of 'to be': negatives

RL 2, Unit 1

Aussagen mit *to be* in der Vergangenheit werden mit *was* und *were* gebildet. Für die Verneinung hängst du wie gewohnt ***not*** oder ***-n't*** an.

I	**was not / wasn't**	at Thomas Tallis last year.
You	**were not / weren't**	in our tutor group last year.
He	**was not / wasn't**	in Greenwich.
She	**was not / wasn't**	in Scotland.
It	**was not / wasn't**	cold.
We	**were not / weren't**	in Mrs Brown's tutor group.
You	**were not / weren't**	at Rob's school.
They	**were not / weren't**	at Lisa's birthday party.

40 Die einfache Vergangenheit von *to be*: Fragen und Kurzantworten RL 2, Unit 1
The simple past of 'to be': questions and short answers

Wenn du im *simple past* eine Frage mit *to be* stellen willst, stellst du ***was*** oder ***were*** an den Satzanfang. (*Did* brauchst du dazu nicht!)

Terry **was** in Year 7 last year. **Was** Terry in Year 7 last year? – Yes, he was.

Wie du bereits weißt, funktioniert es im *simple present* ganz ähnlich:

Lisa **is** in Year 8 now. **Is** Lisa in Year 8 now? – Yes, she is.

Was	I on the list?	– Yes, you **were.**	– No , you **weren't.**
Were	you at this school, too?	– Yes, I **was.**	– No, I **wasn't.**
Was	Rob here last year?	– Yes, he **was.**	– No, he **wasn't.**
Was	she at a campsite?	– Yes, she **was.**	– No, she **wasn't.**
Was	it hot in France?	– Yes, it **was.**	– No, it **wasn't.**
Were	we in Brighton?	– Yes, we **were.**	– No, we **weren't.**
Were	you in France, too?	– Yes, we **were.**	– No, we **weren't.**
Were	they friends?	– Yes, they **were.**	– No, they **weren't.**

Test yourself

Complete the short dialogues with a form of 'to be'.

1. A: … you at home at the weekend? B: No, I … . I … in Brighton.
2. A: … your sister in Brighton, too? B: No, she … . She and her friends … in Scotland.

41 Die einfache Vergangenheit: unregelmäßige Verben RL 2, Unit 1
The simple past: irregular verbs

Im Englischen gibt es regelmäßige und unregelmäßige Verben (ähnlich wie im Deutschen, z. B. gehen – ging).
Ein unregelmäßiges Verb hast du gerade kennen gelernt: *to be – was / were.*
Die *simple past*-Formen von unregelmäßigen Verben musst du lernen. Die Formen sind in allen Personen gleich.

Auf Seite 84 findest du eine Liste mit allen unregelmäßigen Verben, die in diesem Buch vorkommen!

Infinitiv	***simple past***	**Beispielsatz**		
to get	got	I	**got**	a great birthday present.
to ride	rode	You	**rode**	your bike to school yesterday.
to read [ri:d]	read [red]	She	**read**	two books last week.
to have	had	We	**had**	a great time in Brighton.
to do	did	You	**did**	lots of homework on Saturday.
to go	went	They	**went**	to a farm on holiday.

42 Die einfache Vergangenheit: regelmäßige Verben
The simple past: regular verbs

RL 2, Unit 1

Du kennst inzwischen die *simple past*-Formen von einigen unregelmäßigen Verben und von *to be*. Die meisten anderen Verben, die du kennst, sind **regelmäßig**. Du bildest das *simple past* der regelmäßigen Verben, indem du die Endung ***-ed*** an den Infinitiv anhängst *(to help – help**ed**)*. Auch hier sind die Formen in allen Personen gleich.

Infinitiv	*simple past*	**Beispielsatz**		
to like	lik**ed**	I	**liked**	Scotland.
to stay	stay**ed**	You	**stayed**	at home in the holidays.
to walk	walk**ed**	He	**walked**	to school yesterday.
to laugh	laugh**ed**	We	**laughed**	at all Terry's jokes.
to arrive	arriv**ed**	You	**arrived**	late for the lesson.
to ask	ask**ed**	They	**asked**	a lot of questions in the Art lesson.

Man schreibt die regelmäßigen Verben im ***simple past*** mit ***-ed***, aber man spricht sie nicht immer gleich:

[t] nach harten Lauten: *worked* [wɜːkt]
[d] nach weichen Lauten: *arrived* [əˈraɪvd]
[ɪd] nach ‚t' und ‚d': *started* [stɑːtɪd]

Vorsicht Aussprache!
Das **e** im *-ed* wird nicht ausgesprochen!)

Test yourself
Write the verbs in the simple past.

1. arrive 2. cry 3. do 4. fall 5. like 6. make
7. read 8. ride 9. see 10. sit 11. start 12. stop

43 Die einfache Vergangenheit: Schreibung der regelmäßigen Verben
The simple past: the spelling of regular verbs

RL 2, Unit 1

Bei einigen regelmäßigen Verben gibt es bei der Schreibung der *simple past*-Form Besonderheiten.

Das stumme *- e* des Infinitivs fällt weg *(to like – liked)*.	Bei **Konsonant** + *y* wird das *y* zu *i*.	Ein Konsonant nach kurzem betontem Vokal wird verdoppelt.
invit e + e d → invit e d	carr y + ed → carr i ed	sto p + ed → sto pp ed

44 Die einfache Vergangenheit: Verneinung
The simple past: negatives

RL 2, Unit 1

Um im *simple present* Vollverben zu verneinen, benutzt man *don't/do not* oder *doesn't/does not* + Infinitiv (Grundform) des Verbs: *Tom* ***doesn't like*** *cats.*
Im ***simple past*** gebrauchst du *didn't/did not* + Infinitiv, um zu sagen, dass etwas in der Vergangenheit nicht geschah oder nicht geschehen ist.

(Positiver) Aussagesatz:			Verneinter Satz:		
I	**ate**	pizza for lunch.	I	**didn't eat**	curry.
You	**went**	to Scotland.	You	**didn't go**	to America.
He	**drew**	a picture of America.	He	**didn't draw**	a picture of Brighton.
We	**played**	football.	We	**didn't play**	tennis.
They	**talked**	about the Art class.	They	**didn't talk**	about the curry.

- *Didn't* ist die Vergangenheitsform von *don't* und *doesn't*.
- *Didn't* ist in allen Personen gleich.

Immer schön daran denken: Nach *didn't* steht immer die Grundform (der Infinitiv) des Verbs.

She **walked** to school. I **didn't** **walk** to school.

My grammar
Erkläre deinem/r Partner/in, wie du die Verneinung im *simple past* bildest.

Test yourself
Complete the sentences.

1. I … *(not – walk)* to school this morning. My dad … *(take)* me in the car.
2. My dad … *(not – go)* to work. He … *(stay)* at home.
3. We … *(not – have)* lessons today. We … *(have)* our sports day.
4. I … *(not – win)* a race. I … *(fall)* in the first one.
5. My friends … *(not – laugh)*. They … *(clap)*.

45 Die einfache Vergangenheit: Fragen und Kurzantworten
The simple past: questions and short answers

RL 2, Unit 1

Wenn du im *simple present* eine Frage stellen willst, stellst du *do* oder *does* an den Satzanfang und verwendest den Infinitiv des Vollverbs: *Do you like chocolate?* Und die Antwort lautet: *Yes, I do./No, I don't.* Im ***simple past*** stellst du ***did*** an den Satzanfang und verwendest auch hier den **Infinitiv des Vollverbs**. In den Kurzantworten verwendest du ebenfalls ***did*** oder ***didn't***.

Did	I	**scratch**	your bike?	– Yes, you **did**.	– No, you **didn't**.
Did	you	**rip**	your trousers?	– Yes, I **did**.	– No, I **didn't**.
Did	Rob	**fall**	yesterday?	– Yes, he **did**.	– No, he **didn't**.
Did	Lisa	**get**	a bike for her birthday?	– Yes, she **did**.	– No, she **didn't**.
Did	it	**rain**	yesterday?	– Yes, it **did**.	– No, it **didn't**.
Did	we	**have**	curry for lunch?	– Yes, you **did**.	– No, you **didn't**.
Did	you	**like**	it?	– Yes, we **did**.	– No, we **didn't**.
Did	the boys	**ride**	Lisa's bike?	– Yes, they **did**.	– No, they **didn't**.

My grammar
Erkläre deinem/r Partner/in, wie du Fragen im *simple past* bildest.

46 Die einfache Vergangenheit: Fragen mit Fragewörtern
The simple past: Questions with question words

RL 2, Unit 1

Wenn du genauer nachfragen möchtest, setzt du ein **Fragewort** ganz an den Anfang der Frage. Erst dann kommen ***did***, das Subjekt und der **Infinitiv des Vollverbs**.

What	**did**	you	watch on TV?
Where	**did**	Sam	have his birthday party
When	**did**	Lisa	do her homework?
Why	**did**	Emma and Terry	go to London?
How	**did**	they	get there?

Test yourself
Complete the dialogue.

A: What … *(you – do)* today?
B: I … *(go)* to school.
A: … *(you – have)* a nice day?
B: Yes, I …

47 Das Perfekt: regelmäßige Verben
The present perfect: regular verbs

RL 2, Unit 4

Mit dem ***present perfect*** kannst du ausdrücken, dass etwas in der Vergangenheit stattfand und das Ergebnis davon in der Gegenwart noch spürbar oder sichtbar ist.
Mit dem *present perfect* kannst du auch ausdrücken, dass eine Handlung **gerade erst** abgeschlossen wurde: *Terry has arrived.*
Das *present perfect* wird gebildet aus ***have/has*** und dem ***past participle***. Das *past participle* der regelmäßigen Verben besteht aus der **Grundform** des Verbs + der Endung ***-ed*** (genau wie beim *simple past*). Beispiel: *I **have** watch **+ ed** the film.*

Tom **is painting** the room.

Tom **has painted** the room.

	have/has	*past participle*	
I	**have**	**listened**	to a great CD.
You	**have**	**downloaded**	some music.
Terry	**has**	**helped**	Sam with the CD.
We	**have**	**acted**	in this play at school.
You	**have**	**talked**	to Sam.
They	**have**	**filled**	in the forms.

Natürlich kannst du beim Sprechen die Kurzformen von *has* und *have* gebrauchen:
I've listened to a great CD. *She's copied six songs.*

Die Schreibung und Aussprache der *past participles* mit *ed*-Endung funktioniert genauso wie die Schreibung und Aussprache (/t/d/ɪd/) der *simple-past*-Formen (siehe **42**).

Wörter wie ***just*** und ***already*** kommen oft mit dem *present perfect* vor und sind ein **Signal** dafür, dass eine Handlung gerade stattgefunden hat. Sie stehen zwischen *have/has* und dem *past participle*:

She	**has**	already	**copied**	six songs.
We	**have**	just	**looked**	at some nice pictures.

Signalwörter dürfen nur zwischen *have/has* und dem *past participle* stehen. Das Objekt kommt im Englischen erst nach dem *past participle*. (Im Deutschen ist das anders!) I **have** already **listened** to the CD. *Ich **habe** die CD schon **angehört***

48 Das Perfekt: unregelmäßige Verben
The present perfect: irregular verbs

RL 2, Unit 4

Für die Bildung der unregelmäßigen Formen des *past participle* (*come, brought, heard* etc.) gibt es keine Regel. Deshalb musst du diese Formen gut lernen.
Du findest sie auch auf der Liste auf S. 84.

> Vorsicht!
> Manchmal sehen die *past participle*-Formen genauso aus wie die *simple past*-Formen, aber nicht immer!

I	**’ve**	**made**	a cake.
You	**have**	**found**	the flour.
He	**’s**	**eaten**	the chocolate.
Emma	**has**	**gone**	to Bristol.
We	**have**	**taken**	some great pictures.
You	**’ve**	**done**	your homework.
The boys	**have**	**sent**	the forms off.

Vorsicht, die Kurzformen von *is* und *has* darfst du nicht verwechseln:
He’s (= He is) eating the chocolate. *Er **isst** gerade die Schokolade.*
He’s (= He has) eaten the chocolate. *Er **hat** die Schokolade **gegessen**.*

My grammar
1. Erkläre deinem/r Partner/in, wie du das *present perfect* bildest.
2. Was hast du heute schon gemacht? Hast du gefrühstückt, gelacht, Musik gehört? Schreibe drei Sätze.

Test yourself
Complete the sentences. Use the present perfect.

1. My mum … *(be)* to the shops.
2. I … *(make)* a cake.
3. My dad … *(clean)* the house.
4. My brother … *(take)* some funny photos.
5. We … *(have)* a party.

49 Das Perfekt: Fragen und Kurzantworten
The present perfect: questions and short answers

RL 2, Unit 4

Bei **Fragen** im *present perfect* steht *have* oder *has* am Satzanfang. In **Fragen mit Fragewörtern** (*what, where, how* usw.) steht das Fragewort noch vor *have/has* ganz am Anfang des Satzes.

Steve **has** **sent** Emma an e-mail. — **Has** Steve **sent** Emma an e-mail?

	have/has	Subjekt		*past participle*	
	Have	you		**seen**	*The Wizard of Oz?*
	Has	Lisa	ever	**heard**	of Steve Jones?
Where	**have**	they		**put**	the CDs?

Wie bei anderen Kurzantworten brauchst du in **Kurzantworten** im *present perfect* nur ***have/has***. Das Hauptverb musst du nicht wiederholen.

Have you seen *The Wizard of Oz*?	– Yes, I **have** .	– No, I **haven't** .
Has Lisa ever heard of Steve Jones?	– Yes, she **has** .	– No, she **hasn't** .
Have they danced in a play before?	– Yes, they **have** .	– No, they **haven't** .

My grammar
Finde heraus, was dein/e Partner/in schon einmal gemacht hat. Stelle Fragen.

50 Das Perfekt: Verneinung
The present perfect: negatives

RL 2, Unit 4

Mit **verneinten Sätzen** im *present perfect* drückst du aus, dass etwas **nicht** oder **noch nicht** geschehen ist.
Wenn du einen Satz im *present perfect* verneinen willst, setzt du einfach ***not*** oder ***n't*** hinter *have* oder *has*.
Mit ***not … yet*** kannst du betonen, dass etwas **noch nicht** geschehen ist. Dabei steht ***yet*** gewöhnlich am Satzende.

I	**haven't**	**done**	my Maths homework	**yet.**
You	**haven't**	**told**	me your name.	
He	**has not**	**visited**	his aunt in York.	
She	**hasn't**	**had**	lunch	**yet.**
We	**have not**	**been**	to the Youth Club	**yet.**
They	**haven't**	**invited**	me to their party.	

Test yourself
Complete the dialogues.

1. A: … *(you – ever – be)* to France?
   B: No, I … and I … *(not – be)* to Spain.
2. A: … *(your brother – see)* a famous actress?
   B: Yes, he …, but he … *(not – meet)* a famous actor.

51 Das Perfekt und die einfache Form der Vergangenheit

RL 2, Unit 4

The present perfect and the simple past

Mit dem ***present perfect*** betonst du, dass etwas in der Vergangenheit geschehen (oder nicht geschehen) ist, das **jetzt** – in der Gegenwart – **noch spürbar** oder **sichtbar** ist.

Vergangenheit	Gegenwart
I've done my homework.	Here it is!
I haven't done my homework.	Sorry, I can't give it to you.

WIRKUNG

etwas ist in der Vergangenheit geschehen
(der Zeitpunkt ist nicht wichtig)
present perfect (I have done)

Signalwörter wie ***already, just, ever, never*** und ***(not …) yet*** stehen oft in Sätzen mit *present perfect.*

Mit dem ***simple past*** drückst du aus, dass etwas in der Vergangenheit geschehen ist.
Es ist bereits abgeschlossen und **vorbei**!

Vergangenheit	Gegenwart
We visited my aunt at the weekend.	

etwas geschieht in der Vergangenheit
zu einem bestimmten Zeitpunkt
simple past (we visited)

Signalwörter
Das *simple past* betont häufig, **wann** etwas in der Vergangenheit geschehen ist.
Deshalb sind Zeitangaben wie ***yesterday, last week, last year, last July, on Monday*** usw. Signale für ***simple past.***

My grammar
Wann benutzt du das *simple past* und wann das *present perfect*?
Erkläre es deinem/r Partner/in.

Test yourself
Complete the sentences.

1. A: … *(you – ever – be)* to Scotland?
   B: Yes, … I … *(go)* there last year.
2. A: … *(John – invite)* you to his birthday party?
   B: Yes, … . He … *(give)* me an invitation yesterday. I … *(never – be)* to his house before.
3. A: What … *(you – do)* on Saturday?
   B: We … *(see)* the *Wizard of Oz* at the theatre. It … great. We … *(already – read)* the book.

52 Das *going to*-Futur
The future with 'going to'

RL 2, Unit 3

Das *going to*-Futur verwendest du, wenn du beschreiben willst, was du vorhast. Du hast also bereits einen bestimmten Plan.
Es wird gebildet mit ***am/is/are*** + ***going to*** + **Infinitiv**: *She's going to make a cake.*
Die Formen von *to be* kannst du natürlich als Lang- oder Kurzformen benutzen.

I	**am**	**going to**	**buy**	a new CD tomorrow.
Lisa	**'s**	**going to**	**watch**	a football match.
We	**'re**	**going to**	**have**	pasta for lunch.

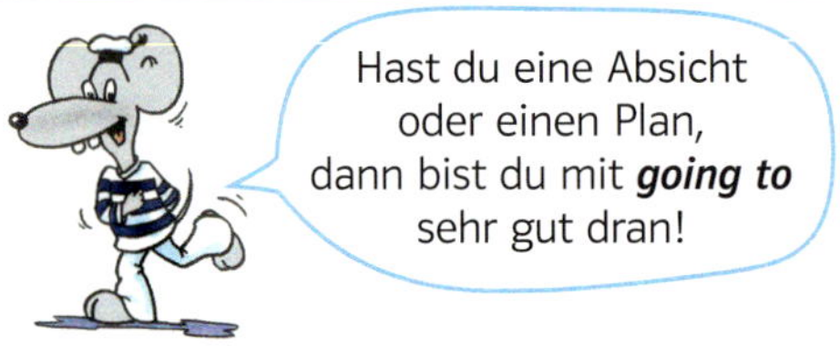

My grammar
Wie bildest du das *going to*-Futur? Erkläre es deinem/r Partner/in.

53 Das *going to*-Futur: Verneinung und Fragen
'going to': negatives and questions

RL 2, Unit 3

Wenn du sagen willst, dass du etwas nicht vorhast, musst du das *going to*-Futur **verneinen**. Dafür musst du zu *am/is/are* (also zur Form von *to be*) wie gewohnt ***not*** hinzufügen. Achte dabei auf die richtigen Kurzformen.

I	**'m not**	**going to**	**listen**	to my new CD tomorrow.
Lisa	**is not**	**going to**	**watch**	a football match on Sunday.
Terry	**isn't**	**going to**	**go**	to the match.
We	**aren't**	**going to**	**have**	chicken for lunch.

Wenn du **Fragen** im *going to*-Futur stellen willst, setzt du *am/is/are* (also die Form von *to be*) an den Satzanfang. Für die Kurzantwort benutzt du nur die Form von *to be* **ohne** *going to*.

He **is** **going to** play football tomorrow. → **Is** he **going to** play football tomorrow?

Are you **going to** call him?	– Yes, I **am**.	– No, I'**m not**.
Is she **going to** buy a book?	– Yes, she **is**.	– No, she **isn't**.
Is he **going to** visit his grandparents?	– Yes, he **is**.	– No, he **isn't**.
Are we **going to** finish this exercise?	– Yes, we **are**.	– No, we **aren't**.
Are you **going to** go to London?	– Yes, we **are**.	– No, we **aren't**.
Are they **going to** clean the kitchen?	– Yes, they **are**.	– No, they **aren't**.

Test yourself
Complete the sentences with the right form of 'going to'.

1. A: … *(you – meet)* us in the park tomorrow? B: Yes, … , but I … *(not – stay)* long.
2. A: … *(Lisa – play)* tennis with us on Sunday? B: Yes, she … . She … *(bring)* a friend.

54 Das *will*-Futur
The future with 'will'

RL 2, Unit 6

Das Futur mit ***will*** drückt aus, dass etwas morgen, nächste Woche, nächstes Jahr oder zu einem anderen **Zeitpunkt in der Zukunft** geschehen wird.

Das *will*-Futur wird gebildet aus ***will*** (Kurzform: ***'ll***) und der **Grundform** (dem Infinitiv) des Verbs. Die verneinte Form von *will* heißt ***won't*** (Langform: ***will not***). Die Formen *will, will not, 'll* und *won't* sind in allen Personen gleich.

I	**'ll**	**see**	you at school tomorrow.
Terry	**will**	**help**	you with the computer.
She	**won't**	**like**	these sandwiches.
The Snack Bar	**will not**	**be**	open today.

Das *will future* gebraucht man auch, um **Vermutungen** über die Zukunft auszudrücken. Es steht dann meist nach Wendungen wie ***I think …*** oder mit Ausdrücken wie ***probably***.

55 Das *will*-Futur: Fragen und Kurzantworten
The future with 'will': questions and short answers

RL 2, Unit 6

Bei **Fragen** mit dem ***will future*** setzt du *will* an den Satzanfang. In Kurzantworten verwendest du wie immer nur *will* oder *won't* und brauchst das Hauptverb nicht zu wiederholen.

In **Fragen mit Fragewörtern** (z. B. *what, where* usw.) steht das Fragewort noch vor *will* ganz am Anfang des Satzes.

Will	we have homework?	– Yes, you **will**.	– No, you **won't**.
Will	it be cold in Scotland?	– Yes, it **will**.	– No, it **won't**.
Will	they send us an e-mail?	– Yes, they **will**.	– No, they **won't**.

Where	**will**	the party be?
What	**will**	you do in Aberdeen?

My grammar
Was denkst du, wie die Welt wohl in 100 Jahren sein wird? Schreibe drei Sätze.

Test yourself
Complete the sentences with the right form of 'will'.

1. A: How old … *(you – be)* on Saturday?
   B: I … *(be)* thirteen.
2. A: Do you think … *(it – rain)* on Saturday?
   B: No, it … I'm sure the weather … *(not – be)* bad on my birthday and we … *(have)* my party in the garden.

56 Das Futur: *going to* und *will*
The future: 'going to' and 'will'

RL 2, Unit 6

Du kennst inzwischen zwei Möglichkeiten, um Zukünftiges auszudrücken: das ***going to future*** und das ***will future***.
Welche der beiden Formen du benutzen musst, hängt davon ab, was du mitteilen willst.

We**'re** **going to** **visit** Uncle Bruce in Scotland. We **aren't** **going to** **stay** on an oil platform.	• Du sprichst über **Pläne** oder **Vorhaben**.
The weather **will** **be** nice in Scotland. It **won't** **rain**.	• Du sprichst über etwas, was du **nicht beinflussen** kannst.
I think you **'ll** **like** Scotland. They **will** probably **send** us a postcard.	• Du **vermutest**, dass etwas geschehen wird.

Diese **Signalwörter** zeigen dir, dass du das *will future* verwenden musst:
probably, I think … .

My grammar
Wann verwendest du das *will*-Futur und wann das *going to*-Futur?
Erkläre es deinem/r Partner/in.

Test yourself
Complete the dialogue.

A: What … *(you – do)* in August? Have you decided?
B: Yes, we … *(visit)* my uncle in France. My uncle … *(be)* fifty and he … *(have)* a big birthday party. He has already invited lots of people.
A: Maybe you … *(meet)* a nice French boy.
B: Maybe, but I'm sure I … *(have)* a good time anyway.

57 Die Verlaufsform der Vergangenheit
The past progressive

RL 2, Unit 7

Du kennst bereits das *simple present* und *present progressive*: *Terry **plays** the drums. – He **is playing** the drums now.*
Auch für die Vergangenheit gibt es eine Verlaufsform.

Das ***past progressive*** wird gebildet aus der Vergangenheitsform von *to be* ***(was/were)*** und dem Verb in der ***ing***-Form.
Um eine Aussage zu verneinen, verwendest du ***was not/wasn't*** oder ***were not/weren't***.
Du gebrauchst das *past progressive*, um auszudrücken, dass etwas in der Vergangenheit **über einen längeren Zeitraum hinweg** passierte.

I	**was**	read**ing**	all afternoon.
It	**was**	rain**ing**	when we arrived.
He	**wasn't**	look**ing**.	
We	**were**	visit**ing**	our friends.
They	**were not**	play**ing**	computer games.
Was	she	hav**ing**	a nice cup of tea?
Were	you	play**ing**	tennis when I phoned?

Häufig wird das ***past progressive*** verwendet, wenn man betonen möchte, dass ein Vorgang noch andauerte, während ein neues, kurzes Ereignis stattfand. Das neue Ereignis wird dann im ***simple past*** ausgedrückt.

It **was raining** when we **arrived**.
The boys **were playing** football when the rain **started**.

in der Vergangenheit
passiert ein neues Ereignis
simple past (we arrived)

in der Vergangenheit läuft gerade eine Handlung ab
past progressive (it was raining)

Test yourself
Complete the sentences.

A: What … *(you – do)* yesterday when I … *(call)*?
B: I … *(play)* with the dog. My brothers … *(sleep)*.

Modale Hilfsverben

58 Das Hilfsverb *can/can't*
The auxiliary 'can'/'can't'

RL 1, Unit 2

Ein Hilfsverb ist ein Verb, das nicht allein ohne ein anderes Verb verwendet werden kann. Mit dem Hilfsverb ***can*** kannst du ausdrücken, dass jemand etwas tun **kann** oder **darf**. *Can* bleibt in allen Personen gleich und steht immer mit der Grundform eines anderen Verbs (ohne *to*): *He can* ***see*** ….

I	**can see**	Mrs Carter in the playground.
You	**can write**	in English now.
Terry	**can play**	in his shed.
Lisa	**can't do**	her homework.
Chocolate	**can be**	too sweet.
We	**can listen**	to CDs in our room.
You	**can't play**	football here.
They	**can have**	a party.

Im Englischen steht das Verb immer direkt hinter ***can***, im Deutschen aber am Satzende. Vergleiche:
Terry ***can play*** *in his shed.* – Terry **kann** in seinem Schuppen **spielen**.

Die verneinte Form von *can* [kæn] heißt ***can't*** [kɑ:nt]. Beim Schreiben wird meistens die Langform ***cannot*** verwendet. *Cannot* wird immer zusammengeschrieben.

Im Deutschen kann man „können" manchmal allein gebrauchen. Im Englischen dagegen muss in einer Aussage nach *can* immer ein Vollverb folgen:

Meine Mutter kann viele italienische Wörter. – *My mum can say a lot of Italian words.*

59 Fragen mit *can*
Questions with 'can'

RL 1, Unit 2

Fragesätze mit ***can*** bildest du indem du ***can*** an den Satzanfang schiebst.

Can	you	**help**	Jade, please, Lisa?	– Yes, I	**can.**
Can	your friends	**play**	the drums, Terry?	– No, they	**can't.**
Can	I	**play**	in the garden, Mum?	– Yes, you	**can.**

Bei den Kurzantworten wird die Grundform des anderen Verbs weggelassen und nur *can* oder *can't* wiederholt.

60 *must*

RL 1, Unit 6

Das Verb ***must*** ist ein Hilfsverb wie *can*. Mit ***must*** drückst du aus, dass jemand etwas tun **muss**. *Must* bleibt in allen Personen gleich (bei *he*, *she* und *it* bekommt *must* kein *-s*) und steht immer mit der Grundform eines anderen Verbs (ohne *to*). Wie bei *can* gibt es auch von *must* kein *present progressive*.

I	**must find**	my new sweatshirt.
You	**must take**	your wellies.
Sam	**must wear**	his sunglasses.
Emma	**must have**	scones for tea.
That house	**must be**	the hostel.
We	**must go**	– the bus is waiting!
You	**must be**	back at five o'clock.
The girls	**must put**	their bags in the orange room.

61 *mustn't / needn't*

RL 2, Unit 2

Die modalen Hilfsverben ***mustn't*** und ***needn't*** solltest du nicht verwechseln!
Mustn't verwendest du, um auszudrücken, dass jemand etwas **nicht machen darf**.
Mit ***needn't*** drückst du aus, dass jemand etwas **nicht machen muss**.
Beide haben in allen Personen die gleiche Form. *Mustn't* und *needn't* werden immer mit dem Infinitiv eines Vollverbs zusammen benutzt.

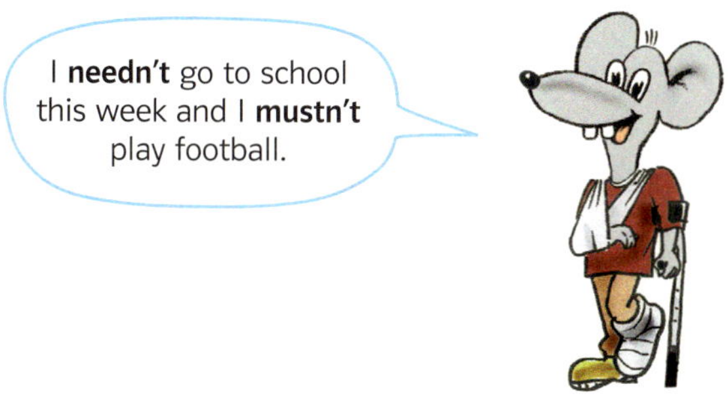

I **needn't go** to school today. It's Sunday.	*Ich muss heute nicht in die Schule. Es ist Sonntag.*
You **mustn't use** your mobile in the classroom.	*Im Klassenzimmer darfst du das Handy nicht benutzen.*

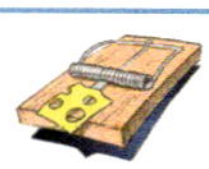

Diese modalen Hilfsverben darfst du nicht verwechseln:
must → *müssen* **needn't** → *nicht müssen*
mustn't → *nicht dürfen*

My grammar
Was darfst du nicht machen und was musst du nicht machen? Schreibe jeweils zwei Sätze.

Test yourself
Complete the sentences with 'mustn't', 'needn't' or 'must'.

1. You … eat everything. We are hungry, too.
2. He … go to bed. It is very late.
3. We … play football in the living room.
4. You … help me, thanks. I don't need help with my homework

62 *could*

RL 2, Unit 2

Das modale Hilfsverb ***could*** kann mit „könnte", „könnten", „könntest" usw. übersetzt werden. Du kannst es verwenden, um eine **höfliche Frage** zu stellen, ein **Angebot** zu machen oder über **Möglichkeiten** zu sprechen. Die Form von *could* bleibt in allen Personen gleich.

I	**could**	**write** a story about magic.
	Could	you **help** me, please?
Rob	**could**	**go** to school by bus but he always walks.
Emma	**could**	**use** my camera and take our photo.
It	**could**	**rain** this afternoon.
We	**could**	**go** swimming after school.
	Could	you all **be** quiet now, please?
They	**could**	all **come** to my house for dinner!

63 *should*

RL 2, Unit 5

Das modale Hilfsverb ***should*** verwendest du für Ratschläge oder Vorschläge. Es kann mit „sollte", „sollten", „solltest" übersetzt werden. Die Form von *should* bleibt bei allen Personen gleich.

64 Modale Hilfsverben im Überblick
Modal auxiliaries – a summary

RL 2, Unit 7

Du kennst schon viele Verben, die keine Vollverben sind: *can/can't, may, must, mustn't, needn't, could, should*. Diese Verben heißen **modale Hilfsverben *(modal auxiliaries)***.

• Sie stehen immer mit der Grundform (ohne *to*) eines anderen Vollverbs zusammen. • Sie haben im *simple present* immer die gleiche Form (in der 3. Person fügt man also kein -s an). • Sie können nur im *simple present* verwendet werden.	I **must** **send** an e-mail to my sister. We **should** **make** a cake for Grandma. I **can** speak English. He **mustn't** play the drums now. **Can** you help me? You **needn't** feed the cat, Terry.

Could/couldn't ist eine Ausnahme! Es kann als *simple past* von *can* benutzt werden: They **couldn't** play football yesterday. It was too wet.

Gebrauch	
I **can** speak English. He **can't** play the guitar.	Mit ***can/can't*** kannst du ausdrücken, dass jemand fähig oder unfähig ist etwas zu tun.
Can I have a sweet, Mum? **Could** you open the window, please? **Couldn't** you help me, please?	***Can***, ***could*** und ***couldn't*** kannst du auch gebrauchen, um eine Bitte auszudrücken.
May I have another piece of pizza, please? – Yes, of course you may.	Mit ***may*** kannst du sehr höflich um etwas bitten.
I **must** phone Emma.	Mit ***must*** kannst du ausdrücken, dass etwas notwendig ist.
You **mustn't** phone her at school.	Mit ***mustn't*** drückst du aus, dass etwas verboten ist.
I **needn't** phone her this morning.	Mit ***needn't*** drückst du aus, dass etwas nicht notwendig ist.
We **should** talk to her today.	Mit ***should*** drückst du aus, dass etwas gemacht werden müsste.

Test yourself

Complete the sentences with the correct modal verb.

1. … I have some more cake, please? I'm hungry.
2. … you help me, please? I can't do my homework.
3. I … go now. I'm late for school.
4. You … send a postcard, but please call me.
5. We … cycle on the right in England. It's dangerous.
6. You … be nice to your sister.
7. I … speak Italian because I've never learnt it.
8. They … sing really well. I could listen for hours.

Satz und Satzgefüge

65 *There is …/There are …*

RL 1, Unit 1

Wenn du darauf hinweisen möchtest, dass Personen oder Dinge existieren, kannst du das mit ***there is*** oder ***there are*** tun. Es entspricht dem deutschen **es gibt … , es ist/sind … .**

There is	a mouse in the classroom.	*Es ist eine Maus im Klassenzimmer.*
There's	an apple on the table.	*Es liegt ein Apfel auf dem Tisch.*
There are	three girls in the tutor group.	*Es gibt drei Mädchen in der Klasse.*
There are	four books in my bag.	*Es sind vier Bücher in meiner Tasche.*

There is/There's verwendest du, wenn es sich um **eine** Person oder Sache handelt.
There are verwendest du, wenn du über **mehrere** Personen oder Dinge sprichst.
There is … und ***There are …*** stehen meistens am Anfang des Satzes.
Von ***there are*** gibt es keine Kurzform.

There is … und ***There are …*** geben nicht den Ort an, an dem sich die Person oder die Sache befindet. Du musst immer noch hinzufügen, wo diese sind: *There are two girls **here** and three boys **there**.*

66 Die Satzstellung in Aussagesätzen I
Word order in statements I

RL 1, Unit 2

Die Satzstellung im englischen Aussagesatz ist: Subjekt - Verb - Objekt (Merke: **S**traßen**v**erkehrs**o**rdnung). Das **Subjekt** (englisch: *subject*) muss immer **vor** dem Verb stehen, das **Objekt** (englisch: *object*) kommt **nach** dem Verb.

S ubject	**V** erb	**O** bject
I	have got	a new CD.
Lisa	has got	a dog.
We	have got	a nice flat.

Im Deutschen kannst du die Stellung von Subjekt und Objekt austauschen, im Englischen nicht!

Lisa hat einen Hund.

Lisa has got a dog.
S V O

Einen Hund hat Lisa.

67 Die Satzstellung in Aussagesätzen II
Word order in statements II

RL 1, Unit 7

Die Satzstellung S – V – O in englischen Aussagesätzen kennst du schon. Wenn du aber in einem Satz gleichzeitig Ortsangaben (z. B. ***in** the park*) und Zeitangaben (z. B. ***after** school*) machen möchtest, gilt folgende Regel: **Ort vor Zeit**.

Zeit	Subjekt – Verb – Objekt	Ort	Zeit
	You can buy a T-shirt	**at the Summer Fair**	**in June**.
In June	you can buy a T-shirt	**at the Summer Fair**.	
	Lisa plays football	**in the park**	**after school**.
After school	Lisa plays football	**in the park**.	

Orts- und Zeitangaben stehen normalerweise am Ende des Satzes. Dabei gilt immer die Regel: **Ort** vor **Zeit**.
Wenn du aber die Zeitangabe stärker betonen möchtest, kannst du sie an den Satzanfang stellen.

Merke:
Ort vor Zeit – das ist gescheit.

Zeit- oder Ortsangaben dürfen **nicht** zwischen Verb und Objekt stehen!

Test yourself
Write sentences with the words and phrases. There's more than one correct answer.

1. a film – are – now – watching – in – the – they – cinema.
2. at school – have – a summer fair – we – every year.
3. on Saturdays – in the park – meet – my friends – I.

68 Die Stellung des Adverbs: Adverbien der Art und Weise
The position of adverbs: Adverbs of manner

RL 2, Unit 5

Ein Adverb der Art und Weise *(adverb of manner)* steht normalerweise am Satzende. Allerdings können Angaben zum Ort und zur Zeit noch danach stehen.

	Adverb of manner	Place	Time
Terry spends his money	**carefully**		every week.
You can eat	**cheaply**	at the Snack Bar.	
Emma ate her dinner	**slowly**	at school	yesterday.

Test yourself
Write the sentences again with the adverb of manner in the right place.

1. I swim in the swimming pool. *(fast)*
2. We worked in the garden at the weekend. *(hard)*
3. Yesterday David ran home because it was raining. *(quickly)*

69 Häufigkeitsadverbien: Satzstellung
Adverbs of frequency: word order

RL 1, Unit 3

Wörter wie *always, often, never, sometimes* teilen mit, wie oft oder wie häufig etwas getan wird. Sie heißen deshalb **Häufigkeitsadverbien** *(adverbs of frequency)*. In Aussagesätzen im *simple present* stehen sie vor dem Verb. Im Deutschen stehen sie meist nach dem Verb.

I	**sometimes**	**eat**	crisps.	*Ich esse manchmal …*
You	**always**	**ride**	your bike to school.	*Du fährst immer …*
Tiger and Terry	**often**	**sit**	in the shed.	*Tiger und Terry sitzen oft …*
We	**never**	**play**	basketball.	*Wir spielen nie …*

Wenn das Verb eine Form von ***to be*** ist, steht das Häufigkeitsadverb dahinter:

My pen	**is**	**always**	in my bag.
We	**are**	**never**	late.

Bei einem mehrteiligen Verb, z.B. *have got* oder *can* + Infinitiv, steht das Häufigkeitsadverb zwischen den beiden Teilen:

I	**can**	**never**	**find**	my rubber.
Terry	**has**	**always**	**got**	his mobile.

Test yourself
Write the sentences again with the adverb of frequency in the right place.

1. I play football. *(never)*
2. We walk to school. *(always)*
3. Lisa takes her dog for a walk. *(often)*

70 Die Verknüpfung von Sätzen: *and, or, but, so*
Linking sentences

RL 1, Unit 7

Tom eats lunch at one o'clock, **but** he doesn't eat at two o'clock.

Mit *and, or, but* und *so* kannst du Sätze oder Satzteile miteinander verbinden.

Year 7 is running a race	**and**	Emma is winning!
You can run a race	**or**	play cricket.
The disco is great,	**but**	you can't invite your family.
Emma is running a race,	**so**	she can't eat an ice-cream now.

In den Sätzen, die du miteinander verbindest, verändert sich die Wortstellung (Subjekt – Verb – Objekt) nicht:

Subject	**Verb**	**Object**
Emma	*is running*	*a race.*
She	*can't eat*	*an ice-cream.*

Emma is running a race, so she can't eat an ice-cream.
Emma läuft gerade ein Rennen, deshalb kann sie kein Eis essen.

Test yourself
Read the sentences and put in the right words.

1. Emma sings … *(and/so)* she plays the guitar.
2. Ron is nice, … *(but/or)* I don't like him.
3. It is raining, … *(so/but)* I take my umbrella.
4. We can watch a DVD … *(or/so)* we can go to the disco.

71 Bestätigungsfragen
Question tags

RL 2, Unit 3

Ausdrücke wie „nicht wahr?“, „oder?“ (z. B. „Der Pullover ist zu klein, oder?“) übersetzt du ins Englische, indem du ein ***question tag*** (eine Bestätigungsfrage) an den Aussagesatz anhängst.

Im *question tag* wird das Verb des vorangehenden Satzes wieder aufgenommen.
Ist das Verb im Satz bejaht (+), wird es in der Bestätigungsfrage verneint (–) und umgekehrt:
*This drink **is** yours, **isn't** it? – The drink **isn't** yours, **is** it?*
Das Subjekt des Aussagesatzes wird im *question tag* zum Pronomen: *the drink – it.*

Bejahter Aussagesatz +	*question tag* –	**Verneinter Aussagesatz** –	*question tag* +
The sandwiches **are** big,	**aren't** they?	Your party **isn't** this weekend,	**is** it?
This drink **is** yours,	**isn't** it?	You **aren't** angry,	**are** you?

72 Bedingungssätze mit *will*
Conditional sentences with 'will'

RL 2, Unit 6

Ein Bedingungssatz besteht aus einem *if*-Satz und einem Hauptsatz. Im *if*-Satz drückst du eine Bedingung aus. Im Hauptsatz sagst du, was passiert, wenn diese Bedingung erfüllt wird.
Im ***if*-Satz** verwendest du das ***simple present***.
Im **Hauptsatz** wird meist das ***will future*** verwendet.

If you **go** to Aberdeen,	you **'ll meet** Uncle Bruce.
If it's too wet,	they **won't play** football.

Man kann *if*-Satz und Hauptsatz auch umstellen:

***if*-Satz**	**Hauptsatz**
If I don't keep it simple,	people **won't** know what to do.
Hauptsatz	***if*-Satz**
People **won't** know what to do	if I don't keep it simple.

If und ***when*** können im Deutschen beide mit „wenn" übersetzt werden!
Im Englischen muss man aber je nach Situation unterscheiden:

- ***If** I go shopping, I'll buy you a magazine.*
  (Falls ich einkaufen gehe – was nicht sicher ist –, kaufe ich dir eine Zeitschrift.)
- ***When** I go shopping, I'll buy you a magazine.*
  (Ich gehe demnächst einkaufen und dann kaufe ich dir eine Zeitschrift.)

My grammar
Wie bildet man Bedingungssätze mit *will*? Erkläre es deinem/r Partner/in.

Test yourself

a) *Complete the sentences.*

1. If I ... *(win)* a lot of money, I ... *(buy)* a new bike.
2. Your mum ... *(be)* angry if you ... *(not – tidy)* your room.
3. If it ... *(rain)*, we ... *(stay)* at home today.
4. They … *(eat)* in the garden if it … *(be)* sunny tomorrow.

b) *Complete the sentences with 'if' or 'when'.*

1. I'm going to see Ben tomorrow. ... I see him, I'll give him the invitation.
2. ... we win the match tomorrow, we'll be very happy.
3. … it get's dark, I'll go home.
4. Please tell me… you take things from my room.

Uhrzeit, Datum, Zahlen

73 Die Uhrzeit
The time

RL 1, Unit 3

Im Englischen benutzt du *past* für die ersten 30 Minuten der vollen Stunde.

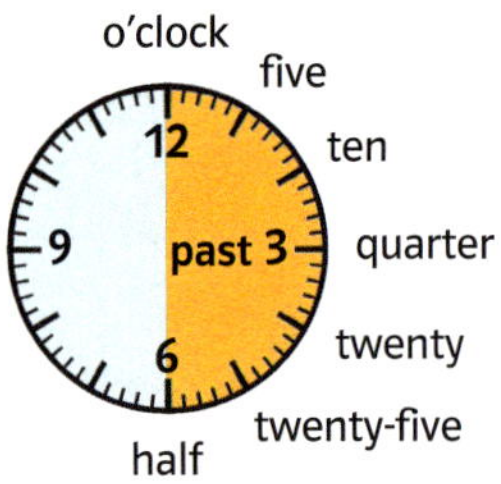

2:00 – It's two **o'clock.**

2:05 – It's five **past** two.

2:10 – It's ten **past** two.

2:15 – It's **quarter past** two.

2:20 – It's twenty **past** two.

2:25 – It's twenty-five **past** two.

2:30 – It's **half past** two.

Nach *half past* zählst du mit *to* zur kommenden Stunde hin.

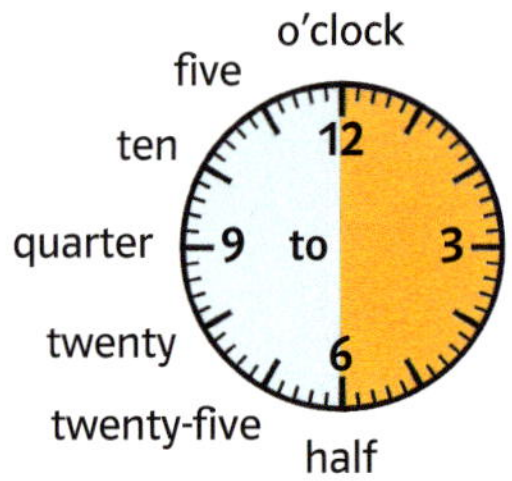

2:35 – It's twenty-five **to** three.

2:40 – It's twenty **to** three.

2:45 – It's **quarter to** three.

2:50 – It's ten **to** three.

2:55 – It's five **to** three.

3:00 – It's three **o'clock.**

Du kannst die Uhrzeit aber auch ganz einfach ohne ***to*** und ***past*** angeben, ähnlich wie im Deutschen: *9:07 – It's nine-oh-seven; 9:48 – It's nine forty-eight.*

o'clock verwendet man nur bei vollen Stunden: *one o'clock, five o'clock.*

Bei den Fünferzahlen (5, 10, 15 usw.) wird das Wort *minutes* gewöhnlich weggelassen. Bei anderen Angaben musst du *minutes* hinzufügen: 2:08 – *It's eight minutes past two.*

My grammar
Schreibe auf, was du normalerweise wann machst

Test yourself
Write the times.

1. _ : _	_ : _	It's half past nine.
2. 11:05	23:05	…
3. _ : _	_ : _	It's seven minutes to three.
4. 8:45	20:45	…
5. _ : _	_ : _	It's quarter past five.

74 Ordinalzahlen
Ordinal Numbers

RL 1, p. 216

1st	**first** [fɜːst]	erste (-r/-s)	15th	**fifteenth** [fɪfˈtiːnθ]	fünfzehnte (-r/-s)
2nd	**second** [ˈseknd]	zweite (-r/-s)	16th	**sixteenth** [sɪksˈtiːnθ]	sechzehnte (-r/-s)
3rd	**third** [θɜːd]	dritte (-r/-s)	17th	**seventeenth** [sevnˈtiːnθ]	siebzehnte (-r/-s)
4th	**fourth** [fɔːθ]	vierte (-r/-s)	18th	**eighteenth** [eɪˈtiːnθ]	achtzehnte (-r/-s)
5th	**fifth** [fɪfθ]	fünfte (-r/-s)	19th	**nineteenth** [naɪnˈtiːnθ]	neunzehnte (-r/-s)
6th	**sixth** [sɪksθ]	sechste (-r/-s)	20th	**twentieth** [ˈtwentiɪθ]	zwanzigste (-r/-s)
7th	**seventh** [ˈsevnθ]	siebte (-r/-s)	21st	**twenty-first** [ˌtwentiˈfɜːst]	einundzwanzigste (-r/-s)
8th	**eighth** [eɪtθ]	achte (-r/-s)	22nd	**twenty-second** [ˌtwentiˈseknd]	zweiundzwanzigste (-r/-s)
9th	**ninth** [naɪnθ]	neunte (-r/-s)	23rd	**twenty-third** [ˌtwentiˈθɜːd]	dreiundzwanzigste (-r/-s)
10th	**tenth** [tenθ]	zehnte (-r/-s)	24th	**twenty-fourth** [ˌtwentiˈfɔːθ]	vierundzwanzigste (-r/-s)
11th	**eleventh** [ɪˈlevnθ]	elfte (-r/-s)	…		…
12th	**twelfth** [twelfθ]	zwölfte (-r/-s)	30th	**thirtieth** [ˈθɜːtiəθ]	dreißigste (-r/-s)
13th	**thirteenth** [θɜːˈtiːnθ]	dreizehnte (-r/-s)	31st	**thirty-first** [ˌθɜːtiˈfɜːst]	einunddreißigste (-r/-s)
14th	**fourteenth** [fɔːˈtiːnθ]	vierzehnte (-r/-s)	…		…

75 Das Datum
The date

RL 1, Unit 5

Im Englischen musst du zwischen Schreibung und Aussprache des Datums unterscheiden: Beim Lesen eines Datums fügt man *the* und *of* hinzu.

Man schreibt	Man spricht
21st May	"the twenty-first of May"

Du kannst das Datum aber auch ganz einfach mit Grundzahlen schreiben: ***22 July*** oder ***July 22***, aber auch dann musst du ***"the twenty-second of July"*** oder ***"July the twenty-second"*** sagen.

Merke dir, welche Präpositionen bei welchen Zeitangaben stehen.

Lisa's birthday is **in** July.
My birthday is **on** 20th August.
The party starts **at** 3 o'clock **on** Tuesday.

Test yourself

Complete the sentences with the right preposition.

1. The summer holidays start … July.
2. We go back to school … 5th September.
3. In the holidays I always go to bed … about nine o'clock.

Grammar words

Deutsch	Englisch	Englisches Beispiel	In:
Adjektive: Steigerung	adjectives (comparison)	fast – faster – fastest; expensive – more expensive; (not) as big as; bigger than	15 – 17
Adverbien der Häufigkeit **Adverbien** der Art und Weise	adverbs of frequency adverbs of manner	sometimes, always, never badly, beautifully, nicely	18 – 19, 68 – 69
Artikel: a / an the	article: a / an the [ðə] / [ði:]	a bag, an apple the bag, the apple	1 – 2
Bedingungssätze	conditional sentences	If you come I'll play my new CD.	72
Bestätigungsfragen	question tags	…, is it? / …, aren't they?	71
Fragen mit Fragewörtern	questions with question words	Who …?, What …?, Where …? How …? Why …?	32, 46
Futur: going to will	 going to-future will-future	 We're going to watch a film. Will it be cold tomorrow?	52 – 56
Gegenwart: **einfache Form,** 3. Person Singular, **Verlaufsform**	 simple present 3rd person singular present progressive	 We play football. He plays football. Sam is watching the game.	27 – 29, 37 34 – 35
Genitiv: 's / s', of	genitive	the girl's name; the parents' house; a page of the book	8 – 9
modale **Hilfsverben**	modal auxiliaries	could; mustn't; needn't; should	37, 58 – 64
Imperativ / Befehlsform	imperative	Open the door., Don't write.	26
Kurzantworten	short answers	Yes, I am; No, he can't; Yes, he does.	23, 25, 30 – 31, 36, 40, 45, 49
Kurz- / Langformen	short / long forms	I'm; he isn't; they've got; I am; they have; we cannot	20 – 22, 24
Mengenangaben	expressions of quantity	a packet of crisps; How much sugar?	3 – 5
Negativformen, Verneinung	negatives	isn't; hasn't got; Don't go!; don't like; can't find; doesn't	22, 24, 29, 39, 44, 50, 53

Deutsch	Englisch	Englisches Beispiel	In:
Plural/Mehrzahl unregelmäßige Formen	plural irregular forms	book – books babies, feet, children	6 – 7
Pronomen: Personalpronomen Objektpronomen Possessivpronomen Possessivbegleiter	 personal pronouns object pronouns possessive pronouns possessive determiners	 I, he, she it, they me, him, her, us, them mine, hers, its, yours, theirs my, his, her, its, their	 10 11 13 12
Satzstellung	word order	You can buy a CD at the shop tomorrow.	66 – 69
Singular / Einzahl 3. Person Singular	singular 3rd person singular	a book She walks.	6 – 7 28, 31
Verben	verbs	to be; have got; to like; to ask	20, 24, 27, 33, 41, 43
Vergangenheit: einfache Form Perfekt Verlaufsform	 simple past present perfect past progressive	 They were … ; Did you … ? have downloaded; has made; Have you seen … ? I was reading … ; Was he playing … ?	 38 – 46 47 – 51 57

Skills

SKILLS

Hier sind die Lern- und Arbeitstechniken aus Red Line 1 und 2 noch einmal im Überblick zusammengestellt. Du findest sie im Schülerbuch in den grünen *Skills*-Kästchen. Die Tipps und Beispiele helfen dir bei der Arbeit mit Hör- und Lesetexten, beim Sprechen und Schreiben, beim Vokabellernen und Übersetzen sowie bei Gruppenarbeiten und Präsentationen.

Inhalt

Vocabulary skills

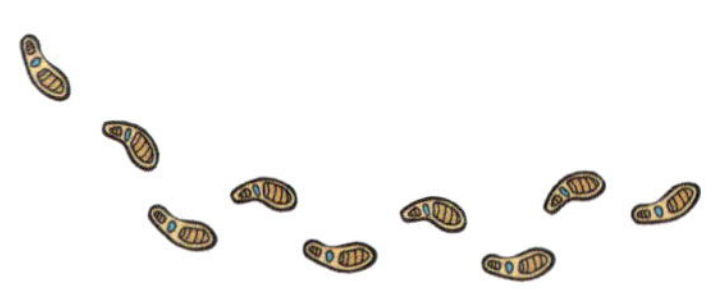

Listening skills

Reading skills

Writing skills

Communication skills

Group skills

Presentation skills

Vocabulary skills

A B C

Es gibt viele Tipps und Tricks, die dir das Vokabellernen erleichtern. Sie heißen ***vocabulary skills***. Du musst nicht alle anwenden, sondern kannst dir diejenigen aussuchen, von denen du meinst, dass sie dir am besten weiterhelfen.

1 Allgemeine Tipps zum Vokabellernen

RL 1, p. 169

Am besten lernst du die Vokabeln in Ruhe zu Hause. Versuche einen Platz zu finden, an dem du ungestört arbeiten kannst. Setze dich möglichst immer an den gleichen Arbeitsplatz.
Lege dir schon vor dem Lernen alles zurecht, was du dafür brauchst: dein Schreibzeug, deine Hefte und Bücher.

2 Mind maps

RL 1, p. 24

Neue Wörter behältst du am besten, wenn du sie im Zusammenhang lernst. Dabei kann dir ein *mind map* helfen. Übertrage diese *mind maps* auf ein Blatt Papier und lege es in deinen *English folder*. Lass Platz für weitere Wörter, damit du die *mind maps* im Laufe des Schuljahres ergänzen kannst.

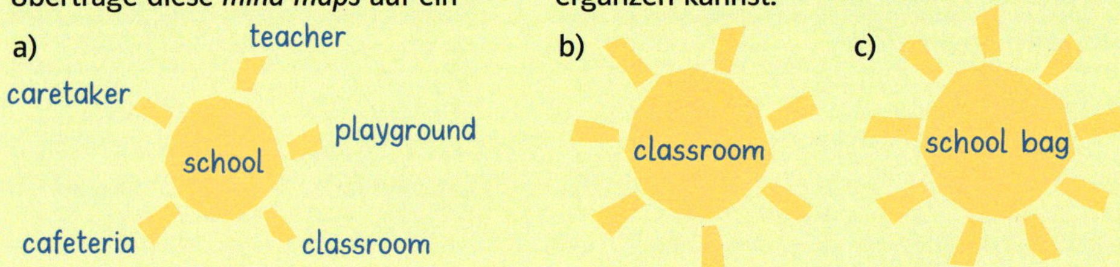

3 Word families • Wortfamilien

RL 2, p. 170

Wörter behältst du besser, wenn du sie nicht einzeln lernst, sondern z. B. in einer Wortfamilie. Diese wird oft in der dritten Spalte des *vocabulary* angezeigt. Bei einem neuen Wort kannst du dir immer die Frage stellen: Welches Wort kenne ich aus dieser Wortfamilie noch?

Eine weitere Möglichkeit ist, ein neues Wort in Verbindung mit seinem Gegenteil (z. B. *boy* ↔ *girl*) oder mit einem Wort oder Ausdruck mit der gleichen Bedeutung (z. B. *Do you have?* = *Have you got?*) zu lernen.

4 Example sentences • Beispielsätze

RL 1, p. 70

Wenn du ein neues Wort lernst, schreibe immer einen ganzen Beispielsatz. Auf diese Weise kannst du dir das Wort leichter merken. Du kannst auch einen kurzen Dialog mit dem Wort schreiben. Dann kannst du diesen Dialog mit deinem Partner üben. Nachher vergesst ihr beide das Wort nicht mehr so schnell!

a) *Example*: spooky: I like really spooky films.
ghost: There are ghosts in Greenwich.

train | run | pirate | interesting | river | …

b) A: Do you like spooky films?
B: Yes, I do.
A: I do, too. My favourite film is about ghosts in Greenwich.
B: Is it very spooky?
A: Yes, it is.

5 Small words • Vokabeln im Zusammenhang lernen

RL 1, p. 52

Viele Vokabeln lernst du besser im Zusammenhang. Bei Ausdrücken wie *at two o'clock* kannst du dir so die dazugehörige Präposition (z.B. *at, to, on, in, …*) besser merken. Schreibe Sätze mit diesen Vokabeln.

Example: be good at: **I'm good at** football.

to be good at: … .	at ten o'clock: … .	to wake up: … .
to be at home: … .	in the morning: … .	to get up: … .
to be married to: … .	in the evening: … .	to go to bed: … .

RL 1, p. 180

by **und** ***on***

by bike	mit dem Fahrrad	***by bus***	mit dem Bus	***on foot***	zu Fuß
by car	mit dem Auto	***by train***	mit dem Zug	***on skates***	mit Inlineskates

6 Einen bestimmten Bereich lernen

RL 2, p. 167

Beim Vokabellernen ist es oft hilfreich, wenn du dich nur auf einen Bereich konzentrierst. Nimm dir eine Unit vor und schreibe z. B. alle Wendungen mit Präpositionen heraus. Die sind in Unit 1: *to turn* ***off***, ***at*** *all, Hurry* ***up****!*, ***over*** *the moon* etc. Danach kannst du für jede Präposition eine gesonderte Karteikarte anfertigen, z. B. für ***up***: *to get up, to wake up*, etc.
Du siehst, dass viele der Ausdrücke ihrer deutschen Übersetzung sehr ähnlich sind und du sie dir deshalb leicht merken kannst. So bekommst du den Kopf frei für die wenigen wirklich schwierigen Wendungen.

7 New words • Wörter im Vorbeigehen lernen

RL 1, p. 38

Besorge dir bunten Karton und schneide Kärtchen aus. Schreibe darauf die Wörter, die du lernen willst. Vielleicht kannst du noch eine Zeichnung hinzufügen. Befestige die Kärtchen an verschiedenen Plätzen in deinem Zimmer. Immer wenn du an den Wörtern vorbeikommst, wirst du sie sehen, lesen und auf diese Weise besser behalten.

8 Words and things • Wörter und Gegenstände

RL 1, p. 96

Wenn du ein neues Wort lernst, nimm – wenn möglich – den entsprechenden Gegenstand oder ein Bild davon in die Hand und sprich das Wort mehrmals vor dich hin. Überlege dir dann einen ganzen Satz mit diesem Wort.

Examples:

9 Use a dictionary • Mit einem Wörterbuch arbeiten

RL 1, p. 82

Wenn du auf ein neues Wort triffst, kannst du das Wort in einem Wörterbuch oder in deinem Englischbuch nachschlagen. Hier sind alle Wörter aus dem Buch alphabetisch geordnet. Wenn du z. B. das Wort *money* nicht kennst, musst du zuerst unter *m*, dann unter *mo* und weiter unter *mon* nachsehen.

a) *Revision: Say the alphabet in English.*

b) *Put the words on the right in the right order:* ***apple, buy …***

c) *Now find the words in the word list in your book. Who can find them all first?*

- party
- buy
- egg
- recipe
- money
- apple
- candle
- joke
- try on
- pizza
- expensive
- shop

10 Words with two meanings • Wörter mit zwei Bedeutungen

RL 1, p. 108

Im Wörterbuch findest du manchmal ein englisches Wort, das mehrere Bedeutungen im Deutschen hat, z.B. ***letter*** = „Buchstabe" oder „Brief". Nur wenn du den ganzen Satz liest, kannst du erkennen, was das Wort bedeutet.

Beispiel:
There are 26 letters in the alphabet.
My friend sends me a letter every week.

Falls eine Bedeutung nicht passt, versuche es mit der anderen Bedeutung.

Look at the underlined words in the sentences. What do they mean in German?

1. She is in Year 7.
2. There are twelve months in a year.
3. Let's play cards.
4. This is a birthday card.
5. All your answers are right!
6. Turn right into River Road.

11 Don't try too much • Nicht zuviel auf einmal

RL 1, p. 179

Du behältst neue Wörter besser, wenn du sie dreimal fünf Minuten lang lernst. Zuerst schaust du sie dir fünf Minuten an, nach einer halben Stunde wiederholst du sie, und am Ende deiner Hausaufgaben überprüfst du sie nochmals fünf Minuten. Das bringt mehr als eine viertel oder halbe Stunde am Stück.

12 Mit einer Vokabelkartei lernen

RL 1, p. 175

Das Lernen geht einfacher mit einer Vokabelkartei. Dazu brauchst du einen Karton mit zwei Fächern und Karteikarten. Schreibe das englische Wort auf die Karte. Du kannst auch ein Bild dazu malen. Auf die Rückseite der Karte schreibst du das deutsche Wort. Die fertigen Karten stellst du in das vordere Fach deines Kartons. Zum Lernen nimmst du eine Karte nach der anderen heraus und prüfst, ob du die Übersetzung auf der Rückseite noch weißt. Wenn du ein Wort gut kannst, stellst du die Karte ins hintere Fach.

13 Spielerisch mit Freunden lernen

RL 1, p. 188/p. 192

Damit du die Vokabeln gut behältst, kannst du sie mit deinen Freunden/Freundinnen zusammen wiederholen. Nehmt euch in regelmäßigen Abständen Vokabeln aus einer früheren Unit vor. Ihr könnt euch gegenseitig abfragen oder ein Spiel damit machen.

Legt die Karteikarten mit den deutschen Wörtern nach oben vor euch hin. Jedesmal wenn ihr das deutsche Wort wisst, dürft ihr die Karte wegnehmen. Könnt ihr das Wort noch nicht, legt ihr die Karte wieder zu den anderen.

14 Problemwörter farbig markieren

RL 2, p. 162

Sicher hast du schon bemerkt, welche Stärken und Schwächen du beim Vokabellernen hast. Lernst du neue Wörter besser durch Lesen, Schreiben oder Malen? Sprich mit anderen in deiner Klasse darüber und versuche herauszufinden, welche Methode dir am besten liegt. Wende sie dann gezielt an.

Bestimmte Schwächen bekommst du leichter in den Griff, wenn du sie in deiner Vokabelkartei oder deinem Vokabelheft farbig markierst.

- gelber Punkt heißt: Die Aussprache fällt mir schwer.
- blauer Punkt heißt: Die Rechtschreibung bereitet mir Schwierigkeiten.
- roter Punkt heißt: Die Bedeutung kann ich mir schlecht merken. Du kannst dir einen kleinen Beispielsatz als Merkhilfe zu dem Wort schreiben und versuchen, ihn auswendig zu lernen.

So siehst du sofort, was du besonders üben musst. Wende auch hier die Lernmethode an, die dir am besten liegt.

15 Eselsbrücken bauen

RL 2, p. 181

Es gibt sicherlich Wörter und Ausdrücke, die du dir nur schwer merken kannst. Hier können dir Eselsbrücken helfen. Am besten ist es, wenn du sie dir selbst ausdenkst. Nachher kannst du sie dann auch mit Freunden austauschen.

Hier ein paar Bespiele:

- Wenn du dir nicht sicher bist, ob man *to choose* mit einem oder mit zwei „o" schreibt, solltest du daran denken, dass **to choose** „auswählen" heißt. Und beim Auswählen muss man sich ja auch zwischen zwei Dingen entscheiden (deshalb zwei „o").
- Man verwechselt die Fragewörter **where** und **who** nicht, wenn man daran denkt, dass in **where** die Antwort **here** schon drinsteckt.

16 Unregelmäßige Verben lernen

RL 2, p. 178

Selbst bei unregelmäßigen Verben kannst du Regelmäßigkeiten erkennen. In Gruppe I sind die zweite und dritte Form jeweils gleich. In Gruppe II sind sich die erste und dritte Form sehr ähnlich.

Gruppe I			**Gruppe II**		
to leave	*left*	*left*	*to do*	*did*	*done*
to find	*found*	*found*	*to go*	*went*	*gone*
to send	*sent*	*sent*	*to come*	*came*	*come*
to make	*made*	*made*	*to be*	*was*	*been*
to read	*read*	*read*	*to give*	*gave*	*given*
to get	*got*	*got*	*to take*	*took*	*taken*
to meet	*met*	*met*	*to eat*	*ate*	*eaten*

Probiere doch mal diese Spiele aus:

1. Schreibe alle unregelmäßigen Verben auf kleine Zettel. Breite sie auf dem Tisch aus. Versuche nun, die drei zusammengehörigen Formen so schnell wie möglich wieder zueinander zu bringen. Du kannst auch gegen einen Partner/eine Partnerin spielen.
2. Stecke die Zettel in eine Tüte. Ziehe eine Form heraus und sage die beiden anderen Formen dazu. Auch dieses Spiel macht zu zweit noch mehr Spaß. Überprüfe deine Antworten mit der Liste der unregelmäßigen Verben auf Seite 84.

Listening skills

Bei einem Hörtext die richtigen Informationen herauszufinden, ist leichter als du denkst. Die folgenden ***listening skills*** helfen dir dabei.

17 Remember what you have already learned about listening

RL 2, p. 69/p. 43

1. Before you listen:
   - Read the title of the text and make sure you understand it.
   - Write down some words about the topic.
2. When you listen the first time:
   - Don't take any notes.
   - Try to find out:
     - **Who** is there?
     - **Where** are they?
     - **When** is it?
     - **What** happens?
3. Before you listen the second time:
   - Read the questions. Make sure you understand them.
   - Write down the answers which you already know.
4. When you listen the second time:
   - Write down the answers which you now know.
5. When you listen the third time:
   - Check your notes. Are they correct?
6. Taking notes:
   When you take notes, write down the most important facts.
   - Do not try to write everything you hear.
   - Do not try to write in complete sentences.
   - Do not worry if you do not understand every word in the listening text.

Reading skills

Wenn du einen englischen Text verstehen möchtest, gibt es Tipps und Tricks, die ***reading skills***, die dir das Verständnis erleichtern.

18 Vor dem Lesen

RL 2, p. 112

Trick Nr. 1: Stelle dich innerlich darauf ein, dass du gleich eine Geschichte lesen wirst. Suche dir einen bequemen und angenehmen Leseort, wo du nicht gestört wirst. Entspanne dich und freue dich auf ein spannendes Leseerlebnis.

Trick Nr. 2: Schau dir den Umschlag des Buchs an. Dann lies auch den Titel der Geschichte. Überlege, worum es in der Geschichte gehen könnte. Schau dir auch die Bilder an. Vielleicht hast du ja eine ähnliche Geschichte schon einmal gelesen?

Trick Nr. 3: Nimm dir nicht zu viel auf einmal vor. Wenn du häufiger ein kurzes Stück liest, macht das Lesen mehr Spaß und strengt nicht so sehr an.

19 Während du liest

RL 2, p. 112

Trick Nr. 4: Bemühe dich immer die Hauptgedanken der Geschichte zu verstehen. Ignoriere unbekannte Wörter, wenn sie für das Verständnis nicht wirklich wichtig sind. Sollte ein unbekanntes Wort für das Verständnis der Geschichte wichtig sein, versuche zunächst das Wort aus dem Zusammenhang zu erschließen. Verstehst du es dann immer noch nicht, sieh in einem Wörterbuch nach.

Trick Nr. 5: Du kannst wichtige unbekannte Wörter in deinem Wörterverzeichnis (Dictionary) hinten im Buch nachschlagen. Die Liste ist alphabetisch geordnet. Manche Wörter haben mehrere deutsche Bedeutungen. Du musst entscheiden, welche am besten passt.

20 Nach dem Lesen

RL 2, p. 112

Trick Nr. 6: Nachdem du mit dem Lesen fertig bist, fasse dann alles, was du gelesen hast, noch einmal zusammen. Frage dich immer *Wer, Was, Wann, Wo, Mit wem, Warum* erlebt hat.

Trick Nr. 7: Vielleicht hast du das Gefühl nicht alles richtig verstanden zu haben und möchtest den Abschnitt ein zweites Mal lesen. Finde heraus, ob du beim zweiten Lesedurchgang mehr verstehst.

Writing skills

Wenn du einen eigenen englischen Text schreiben möchtest, musst du auf verschiedene Punkte achten. Die folgenden Tipps und Tricks, die ***writing skills***, helfen dir dabei.

21 Writing an address • Eine Adresse schreiben

RL 2, p. 15

So schreibt man eine Adresse auf Englisch:

Lisa Taylor	(Name)
28 Pond Road	(Hausnummer/Straße)
Greenwich	(Stadtteil)
London SE10 9LW	(Ort/Postleitzahl)

22 Writing a story • Eine Geschichte schreiben

RL 2, p. 33

When you write a story, these steps can help you:

a) Write a list of your ideas.
b) Write an outline of your story. Write two or three sentences for each of your ideas. Put your ideas in a good order.
c) Write and check your story.

USEFUL PHRASES

Once upon a time … .
A long time ago … .
They all lived happily ever after.
The end.

23 Taking notes • Notizen machen

RL 2, p. 59

When you take notes write only the most important facts. Do not write everything. Look at Terry's notes for the audition and compare them with the e-mail on the left.

Auditions
The auditions start at 4 o'clock on Sunday afternoon. The doors are open from 3 o'clock. When you arrive, go to the room behind the hall and change there. Then put on your make-up in the toilets. Please bring a drink and sandwiches or fruit with you. Don't eat or drink in the hall.

Notes for the auditions
Start: 4pm Sun.
Open: 3pm
Change: room behind hall
Make-up: toilets
Bring drink + food
No food or drink in hall

Communication skills

Wenn man zum ersten Mal dolmetscht oder übersetzt, möchte man jedes einzelne Wort verstehen und in die andere Sprache übertragen. Das klappt oft nicht, denn auf Englisch und auf Deutsch drückt man dieselbe Sache manchmal ganz anders aus. Hier bekommst du Tipps für das Übersetzen und Dolmetschen.

24 Passing on information • Informationen weitergeben

RL 1, p. 110

Du weißt bereits, dass du nicht immer jedes einzelne Wort aus dem Deutschen in eine andere Sprache übertragen kannst. Zum Beispiel: „Wie heißt du?" heißt im Englischen *"What's your name?"* Deshalb ist es wichtig, dass du dich an feststehende Redewendungen erinnerst. Es gibt auch in jeder Sprache verschiedene Möglichkeiten, etwas zu sagen. Auf die Frage *"What's your name?"* kannst du im Englischen nicht nur *"My name's Kristin."* sondern auch *"I'm Kristin."* antworten. Wie würdest du auf Deutsch antworten?

25 Nur wichtige Informationen!

RL 1, p. 112

In einer Broschüre stehen oft mehr Informationen als du brauchst. Daher ist es nicht so schlimm, wenn du nicht jedes einzelne Wort verstehst.

26 Inhalte sinngemäß wiedergeben

RL 1, p. 113

Wichtig ist, dass du den Inhalt sinngemäß übersetzt. Dabei kann das eine oder andere Wort gelegentlich weggelassen werden.
Formen wie *present progressive*, die es im Deutschen nicht gibt, kannst du mit Adverbien wie „gerade" oder „eben" übertragen.
Vergiss nicht, dass die Wortstellung im Englischen oft anders ist als im Deutschen.

27 Unbekannte Wörter erschließen

RL 2, p. 104

Hier ein paar Tricks, wie du unbekannte Wörter erschließen kannst:
- Schau dir den Zusammenhang an. Oft kann er dir wichtige Hinweise geben.
- Kennst du vielleicht schon ein Wort aus derselben Wortfamilie? (z.B. to mix – mixed)
- Manchmal gibt es im Deutschen dasselbe Wort oder ein ähnliches (z.B. soup – Suppe).

Group skills

In englischer Sprache die Ergebnisse einer Gruppenarbeit zu präsentieren oder etwas vorzutragen ist leichter als du denkst, wenn du die folgenden ***group skills*** und ***presentation skills*** anwendest. Sie helfen dir bei der Vorbereitung und der Durchführung einer Präsentation.

28 A project • Projekt Gedicht

RL 1, p. 114

- Jeder in der Gruppe soll bei dem Projekt eine Aufgabe übernehmen. Entscheidet, wer was machen soll. Es gibt viele verschiedene Aufgaben: das Gedicht soll schön geschrieben und schön gestaltet werden, einer kann vorstellen, wer was lesen wird, und ihr könnt die Gedichte sogar zu zweit oder zu dritt vortragen. Überlegt euch auch, ob die Klasse an einigen Stellen mitmachen soll.
- Macht eine Liste von Themen, die ihr interessant findet, und die ihr gut kennt. Dann einigt euch auf ein Thema.
- Wo findet ihr weitere Informationen, Bilder und andere Dinge zu eurem Thema? Sucht in eurem Englischbuch, in anderen Büchern, in Zeitschriften, in eurer Bibliothek oder im Internet. Entscheidet, wer wo suchen soll.
- Schaut euch dann alles, was ihr gefunden habt, gemeinsam an. Macht Listen und *mind maps*.

29 Presenting a poem • Ein Gedicht vortragen

RL 1, p. 115

- Übt das Gedicht vor einem Spiegel zu Hause und vor eurer Gruppe in der Schule. Fragt eure Gruppenmitglieder oder euren Lehrer/eure Lehrerin, ob eure Aussprache so in Ordnung ist.
- Habt ihr alles, was ihr braucht? Überlegt euch, ob ihr Bilder, Plakate, Masken, Kostüme, Musik, Instrumente oder andere Dinge benötigt.
- Wenn ihr euer Gedicht vortragt, lest nicht nur vom Blatt ab, sondern versucht auch, eure Zuhörer anzuschauen.
- Sprecht langsam und deutlich und laut genug, so dass man euch auch ganz hinten im Klassenzimmer gut verstehen kann.

Presentation skills

30 Allgemeine Tipps

RL 2, p. 107

- Bereitet euch auf die Präsentation der Ergebnisse vor.
- Für eure Präsentation könnt ihr euch Notizen machen. Lest aber nicht vom Blatt ab, sondern versucht auch, eure Zuhörer anzuschauen.
- Sprecht langsam, deutlich und laut genug, so dass man euch auch ganz hinten im Klassenzimmer gut verstehen kann.

Useful Phrases

USEFUL PHRASES

Es ist nicht immer leicht, die richtigen englischen Ausdrücke und Sätze zu finden. Hier findest du die *Useful phrases*, die du schon aus den gelben Kästchen in Red Line 1 und 2 kennst, nach Themen geordnet. Sie helfen dir dabei, bestimmte Situationen zu meistern.

Inhalt

Dinge des täglichen Lebens einkaufen

Telefonieren/Eine SMS schreiben

Ein Projekt vorstellen

Über sich selbst sprechen

1 Hello

RL 1, p. 12

Hello. / Hi!
My name is … .
I'm ten. / … .
I'm a … at … .
I'm from … .
I'm in Year 5.

2 Your school

RL 2, p. 19

I like the school shop and … .
I don't like the uniforms because … .
I think … is good.
I don't think … is very good.
I agree. / I disagree.

What is different about Thomas Tallis and your school? What is the same?

a) *Make two lists.*

b) *What do you like? What don't you like?*

3 Your family tree

RL 1, p. 31

This is my family.
My parents are … and … .
I'm an only child.
My brother / sister is … .

a) *Draw your family tree.*

b) *Talk about your family.*

Sich verabreden/Pläne machen

4 Let's meet

RL 1, p. 43

Can we … ?
Let's …

OK!
Cool idea!
Great!

Oh no!
That's boring!

What can you do at the weekend? Make sentences and talk to a partner.

Examples: A: Can we play basketball on Saturday?
B: Oh no! Let's go to the park.
A: Cool idea! Let's meet at four o'clock.

go to the park | go swimming | play … | meet … | go … | …

This weekend | at quarter to eleven | at three o'clock | on Saturday | …

5 Invitations and plans

RL 1, p. 75

Act short dialogues with your partner.

Would you like to ☐ ? Let's ☐ .	Yes, I would. Oh yes, that's a good idea! Oh, thanks for the invitation. Sorry, I haven't got time then. Sorry, I'd like to but I can't.

come to my party on … ?

go to the cinema on … ?

play … at the weekend?

go shopping on … ?

… ?

Über Vorlieben, Abneigungen und Gefühle sprechen

6 What food do you like?

RL 2, p. 63

A: What food do you like?
B: I really like … .
C: What food don't you like?
B: I don't like … and I hate … .
A: What's your favourite meal?
B: My favourite meal is … .

a) *Talk to your group about food.*

A: What food do you like?
B: I really like chips.
C: What food don't you like?
B: I hate fish.
A: What's your favourite meal?
B: I love vegetable curry.
C: I don't! I like fish and chips.

b) *What's the favourite food in your group?*

7 How good is your poem?

RL 1, p. 115

I like the poem / chant about … .
The poem about … is good because … .
It makes me feel … .
I like / don't like the topic / the pictures / the actions / the music / … .
I think … is good.
I don't think … is very good.

1. *Talk to your teacher and the other pupils in your class about a poem. Which three poems are the best?*

2. *Which poems do you like? Which poems don't you like? Why?*

Informationen einholen und geben

8 Asking the way

RL 1, p. 61

A: Excuse me, please.
Can you help me?/Can I ask you a question?
B: Yes, of course.
A: How can I get to … ?/Where is … ?/
What's the way to … ?
B: Go straight down … ./Turn left./Turn right.
A: Can you repeat that, please?/Excuse me?
Thank you.
B: You're welcome.

a) *Act the situation with a partner.*

A: Excuse me. Can you help me?
B: Yes, of course.
A: How can I get to the Cutty Sark, please?
B: Hm – go straight down this street.
A: Can you repeat that, please?
B: Go straight down this street.
A: Oh … Thank you.
B: You're welcome. Bye!

b) *You are at the Cutty Sark. Help a tourist to find Greenwich Park.
Look at the London map in your book.*

9 At the tourist information centre

RL 1, p. 59

A: Excuse me … .
Where can I go in … ?
What can I do in … ?
B: You can visit/see/go to … .
A: Thank you.
B: You're welcome.

Act the dialogue with a partner.

A: Excuse me. I'm a visitor here. Where can I go and what can I do in Greenwich?
B: You can go to ☐. There you can … .
A: Thank you. That's a good idea.
B: You're welcome.

Church Street

Greenwich Park

the Royal Observatory

the Cutty Sark Museum

10 At the doctor

RL 2, p. 68

A: What happened?
B: I had an accident.
A: Where does it hurt?
B: My arm / head / leg hurts.
A: Let me take a look. Does that hurt?
B: Yes, it does. / No, it doesn't.

a) *Look at the dialogue above.
Now write your own dialogue.*

b) *Work with a partner. Act the dialogue.*

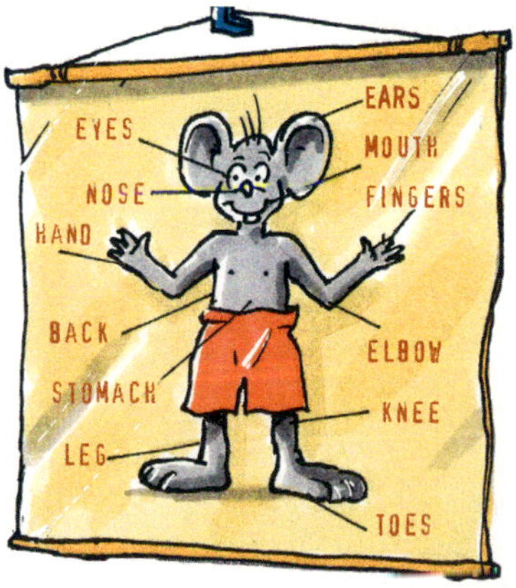

11 Ordering in a snack bar

RL 2, p. 39

A: Hello. Are you ready to order?
B: Can I have a menu, please?
A: Oh, sorry. Here you are.
B: Thank you.

A: What would you like?
B: I'd like the fish and chips, please.
A: Would you like something to drink?
B: I'd like some water, please./ No, thank you.

Waitress: Hello. What would you like?
Customer: I'd like the fish and chips, please.
Waitress: Would you like something to drink?
Customer: Yes, I'd like a fruit drink.
Waitress: Lime or orange?
Customer: Lime, please.
Waitress: Thank you.

Waitress: Hi. Are you ready to order?
Customer: Can I have a menu, please?
Waitress: Yes, of course. Here you are.
Customer: Thank you.
Customer: I'd like bacon and eggs, and a cup of tea, please.
Waitress: Thank you.

Act snack bar dialogues with your partner. Take turns to be the customer and waitress.

Dinge des täglichen Lebens einkaufen

12 Shopping

RL 1, p. 73

Excuse me, please.
Can I help you?
Have you got …?
Yes, we have./No we haven't.
Where is …?/Where are …?
How much is …?/How much are …?
It's … ./They're … .
Thank you./Great, thanks.
You're welcome.

Read the dialogue. Act out new dialogues with your partner.

A: Assistant: Can I help you?
B: Customer: Yes, have you got crisps?
A: Assistant: Yes, we have. They're here – next to the chocolate.
B: Customer: How much are they?
A: Assistant: They're 35 p.
B: Customer: Thank you. Bye.

13 Buying a ticket

RL 2, p. 31

A: I'd like a single/return ticket to … .
B: Are you travelling today?
A: Yes, I am.
B: That's … .

Act the dialogue with a partner.

B: Good morning.
A: Good morning. I'd like a single ticket to London, please.
B: That's £9.50.
A: Thank you. Goodbye.

14 Could you help me please?

RL 2, p. 37

A: Can I help you?
B: Yes, I want to return … .
A: What's the problem?
B: They're too … .
Can I exchange them?
A: Yes, no problem.
B: Can I try them on?
A: Yes, of course.

a) *Read the dialogue.*

You: Could you help me, please?
Assistant: Yes, of course.
You: I want to return these trousers. They were a present, but they're too small.
Assistant: OK. We can exchange them. What's your size?
You: I usually wear medium. Do you have them in red?
Assistant: Yes, we do. We also have them in blue.
You: Red is fine, thanks. Can I try them on?
Assistant: Yes, of course. Over there.

b) *Act the dialogue with your partner. Take turns to be the assistant and customer.*

15 Buying stamps at a newsagent

RL 2, p. 79

A: Excuse me … .
Where can I buy … ?
B: You can buy them at … .
A: Where's the …, please … ?
B: Just around the corner … .
A: Will it be open … ?
B: Yes, it's open all day … .
A: Oh, that's great … !
How much is a postcard to … ?
B: It costs … .
A: Thank you … .
B: You're welcome.

a) *Act this dialogue with a partner.*

A: Excuse me. Where can I buy postcards?
B: You can buy them at the newsagent's.
A: Where's the newsagent's, please?
B: Just around the corner.
A: Will it be open?
B: Yes, it's open all day.
A: Oh, that's great! And where can I buy stamps?
B: You can buy stamps there, too.
A: How much is a postcard to France, do you know?
B: It costs 35p, I think.
A: Thank you very much for your help!
B: You're welcome.

b) *Now write a new dialogue at a newsagent and act it with your partner.*

Telefonieren/Eine SMS schreiben

16 Phone calls

RL 2, p. 71

A: Hello.
B: Hello. This is … .
Can I speak to … .
A: Yes, just a minute.
B: Thank you.
C: Hello. This is … .

What does Mr Jackson say to the young man when he phones him? What does the young man say? What are they going to do? Write a short dialogue and act it.

Mr Jackson: Hello! This is … . Is that … ?
Young man: Yes, it is.
Mr Jackson: We just met in the park. I'm very sorry, but … .

RL 1, p. 45

A: Hello.
B: Hello, it's (Ben) here.
A: Oh. Hi, (Ben). How are you?
B: Fine thanks. And you?
A: OK.
B: Can you ___ on ___?
A: I always ___ on ___.
B: How about ___?
A: Cool. See you on ___. Bye.
B: See you. Bye.

Act phone calls with your partner.

play football | play basketball | watch TV | Sunday/Sundays | go swimming … | Monday/Mondays

17 A text message

RL 2, p. 30

Text messages	Greetings
2day = today	Hello.
gr8 = great	How are you?
:-) = smiley	
l8r = later	See you.
cu = see you	Hi!

All of the sentences are wrong. Correct the sentences.

1. Terry calls Rob on his mobile.
2. Terry has a text message from Emma.
3. Terry went to Greenwich.
4. Rob was at the London Dungeon.
5. Terry's mobile is as new as Rob's.

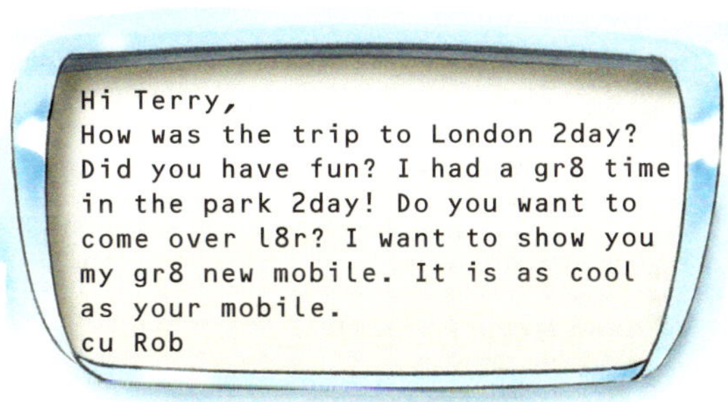

Ein Projekt vorstellen

18 Present your poster

RL 2, p. 107

Our presentation is about … .
First, Anna is going to talk about …, then
Peter is going to show you … . After that … .
Here is a picture of … ./Here you can see … .
This list tells you … ./This text is about … ./
On this CD you can hear … .
The words in the vocabulary box can help
you. … . means … ./… is … in German.
Is everything clear?/Have you got any questions?

1. *Everybody in your group should present one part of your poster to the class.*
2. *Practise what you are going to say. Don't just read the text. Talk about your poster. You can use other pictures, sounds and information, too. The useful phrases can help you.*
3. *Check that the other pupils have understood you. Have they got questions?*

In the classroom

Talking to your friends or teachers

Before the lesson

Good morning, Mr/Mrs/Miss … .	Guten Morgen, Herr/Frau … .
I'm sorry I'm late.	Tut mir leid, dass ich mich verspätet habe.

Asking for help

Can you help me, please?	Kannst du / Können Sie mir bitte helfen?
How do you do this exercise?	Wie macht man diese Übung?
Is this right? I'm not sure.	Ist das richtig? Ich bin mir nicht sicher.
Sorry, I don't know. Ask … .	Tut mir leid, das weiß ich nicht. Frag doch … !
Why don't you ask the teacher?	Frag doch den Lehrer / die Lehrerin!
Sorry. Can you say that again, please?	Wie bitte? Können Sie / kannst du das bitte wiederholen?
Can we open the window, please?	Können wir bitte das Fenster öffnen?
Can I go to the toilet please, Sir / Miss?	Herr … / Frau …, kann ich bitte zur Toilette gehen?
What's the homework?	Was haben wir als Hausaufgabe?

Asking for information

What's that in English/German?	Was heißt das auf Englisch/Deutsch?
What does that mean?	Was bedeutet das?
How do you spell …, please?	Wie schreibt man … , bitte?
What's the time, please?	Wie spät ist es, bitte?
Where's the … ? / Where are the … ?	Wo ist der/die/das … ? / Wo sind die … ?
What's today's date?	Welches Datum haben wir heute?
What subjects do you teach?	Welche Fächer unterrichten Sie?
Who have you got for Maths / … ?	Wen hast du / habt ihr in Mathe / … ?
When does the next lesson start?	Wann fängt die nächste Unterrichtsstunde an?
How do you say 'Tasche' in English / … ?	Wie heißt „Tasche“ auf Englisch / … ?
What are we doing in the lesson tomorrow?	Was machen wir morgen im Unterricht?
What do we have to do?	Was müssen wir machen?

Working together

Can I borrow your book / …, please?	Kann ich mir bitte dein Buch / … ausleihen?
Thank you. / Thanks a lot.	Danke. / Vielen Dank!
You're welcome.	Bitte. / Bitte schön!
Now it's your turn.	Jetzt bist du an der Reihe.
Let's make / draw a … .	Lass(t) uns ein / eine / einen … machen / zeichnen.
Let's act the story / dialogue.	Lass(t) uns die Geschichte / den Dialog vorspielen.

Problems!

I can't find my pencil.	Ich finde meinen Bleistift nicht.
Have you got a pen that I can borrow?	Hast du einen Stift für mich?
Mr … , Tobias has taken my bag.	Herr …, Tobias hat meine Tasche genommen.
Mrs … / Miss … , I've forgotten my PE kit.	Frau …, ich habe meine Sportsachen vergessen.
Should I ask … about the homework?	Soll ich … fragen was wir aufhaben?
I don't understand this exercise.	Ich verstehe diese Übung nicht.
Wait, I'll help you.	Augenblick, ich helfe dir / Ihnen.
I'm not feeling well.	Ich fühle mich nicht gut.

Sorry!

I'm sorry about my homework / … .	Es tut mir leid wegen meiner Hausaufgaben.
I'm sorry I'm late.	Tut mir leid, dass ich mich verspätet habe.

Instructions

Open your books at page … .	Öffnet eure Bücher auf Seite … .
Turn to page … .	Schlagt Seite … auf.
Do exercise … on page … for homework.	Als Hausaufgabe macht Übung … auf Seite … .
Where's your book, David?	David, wo ist dein Buch?
Sit down, please, and be quiet.	Setz dich bitte und sei ruhig. / Setzt euch bitte und seid ruhig.
Say that again, please.	Wiederhole es, bitte.
Try again!	Versuch es noch einmal!
That's really good!	Das ist sehr gut!
That's all for today. You can go.	Das wäre es für heute. Ihr dürft gehen.
Do this exercise for homework.	Mach(t) diese Übung als Hausaufgabe.
Make a 'grammar card'.	Mach dir / Macht euch eine Grammatikkarte.
Make notes.	Mach dir / Macht euch Notizen.
Take notes.	Mach dir / Macht euch Notizen.
Read the definitions.	Lies / Lest die Definitionen.
Look on the Internet for more information.	Such(t) weitere Informationen im Internet.
Sort it out with him / her!	Klär(t) es mit ihm / ihr!
Don't send text messages in class.	Versende(t) keine SMS im Unterricht.
Come to the board, please.	Komm(t) bitte an die Tafel.
Ask your parents to sign the form, please.	Deine / Eure Eltern sollen die Formulare bitte unterschreiben.

Questions

What subjects have you got after lunch?	Welche Fächer hast du / habt ihr nach dem Mittagessen?
What have you done with your book?	Wo ist dein Buch?
Who would like to read?	Wer möchte (vor)lesen?
How did you do that?	Wie hast du / habt ihr das denn geschafft?
Can you find the mistakes?	Kannst du / Könnt ihr die Fehler entdecken?
What did I tell you yesterday?	Was habe ich dir / euch gestern gesagt?

List of irregular verbs

infinitive	simple past	past participle	German
be [biː]	was, were [wɒz, wɜː]	been [biːn]	sein
bring [brɪŋ]	brought [brɔːt]	brought [brɔːt]	mitbringen; bringen
build [bɪld]	built [bɪlt]	built [bɪlt]	bauen, aufbauen
buy [baɪ]	bought [bɔːt]	bought [bɔːt]	kaufen
catch [kætʃ]	caught [kɔːt]	caught [kɔːt]	fangen
choose [tʃuːz]	chose [tʃəʊz]	chosen ['tʃəʊzn]	aussuchen, (aus)wählen
come [kʌm]	came [keɪm]	come [kʌm]	kommen
cost [kɒst]	cost [kɒst]	cost [kɒst]	kosten
cut [kʌt]	cut [kʌt]	cut [kʌt]	schneiden
do [duː]	did [dɪd]	done [dʌn]	machen, tun
draw [drɔː]	drew [druː]	drawn [drɔːn]	zeichnen; malen
drink [drɪŋk]	drank [dræŋk]	drunk [drʌŋk]	trinken
drive [draɪv]	drove [drəʊv]	driven ['drɪvn]	fahren
eat [iːt]	ate [eɪt]	eaten ['iːtn]	essen
fall [fɔːl]	fell [fel]	fallen ['fɔːln]	fallen
feed [fiːd]	fed [fed]	fed [fed]	füttern
fight [faɪt]	fought [fɔːt]	fought [fɔːt]	kämpfen; (sich) streiten
find [faɪnd]	found [faʊnd]	found [faʊnd]	finden
flee [fliː]	fled [fled]	fled [fled]	fliehen, flüchten
fly [flaɪ]	flew [fluː]	flown [fləʊn]	fliegen
forget [fə'get]	forgot [fə'gɒt]	forgotten [fə'gotn]	vergessen
get [get]	got [gɒt]	got [gɒt]	bekommen
give [gɪv]	gave [geɪv]	given ['gɪvn]	geben
go [gəʊ]	went [went]	gone [gɒn]	gehen
have [hæv]	had [hæd]	had [hæd]	haben
hear [hɪə]	heard [hɜːd]	heard [hɜːd]	hören
hide [haɪd]	hid [hɪd]	hidden ['hɪdn]	(sich) verstecken
hold [həʊld]	held [held]	held [held]	halten
hurt [hɜːt]	hurt [hɜːt]	hurt [hɜːt]	verletzen; weh tun
keep [kiːp]	kept [kept]	kept [kept]	aufbewahren
know [nəʊ]	knew [njuː]	known [nəʊn]	wissen; kennen
learn [lɜːn]	learned/learnt [lɜːnt]	learned/learnt [lɜːnt]	lernen
leave [liːv]	left [left]	left [left]	abfahren; verlassen; lassen
lose [luːz]	lost [lɒst]	lost [lɒst]	verlieren
make [meɪk]	made [meɪd]	made [meɪd]	schaffen; herstellen; bauen; bilden; machen
mean [miːn]	meant [ment]	meant [ment]	bedeuten; meinen
meet [miːt]	met [met]	met [met]	(sich) treffen
put [pʊt]	put [pʊt]	put [pʊt]	legen, setzen, stellen, tun
read [riːd]	read [red]	read [red]	lesen
ride [raɪd]	rode [rəʊd]	ridden ['rɪdn]	reiten; fahren
ring [rɪŋ]	rang [ræŋ]	rung [rʌŋ]	läuten
run [rʌn]	ran [ræn]	run [rʌn]	rennen, laufen
say [seɪ]	said [sed]	said [sed]	sagen
see [siː]	saw [sɔː]	seen [siːn]	sehen; treffen
sell [sel]	sold [səʊld]	sold [səʊld]	verkaufen
send [send]	sent [sent]	sent [sent]	schicken, senden
show [ʃəʊ]	showed [ʃəʊd]	shown [ʃəʊn]	zeigen
sing [sɪŋ]	sang [sæŋ]	sung [sʌŋ]	singen
sit [sɪt]	sat [sæt]	sat [sæt]	sitzen
sleep [sliːp]	slept [slept]	slept [slept]	schlafen
speak [spiːk]	spoke [spəʊk]	spoken ['spəʊkn]	sprechen
spell [spel]	spelled/spelt [spelt]	spelled/spelt [spelt]	buchstabieren
spend [spend]	spent [spent]	spent [spent]	verbringen; ausgeben
stand [stænd]	stood [stʊd]	stood [stʊd]	stehen
steal [stiːl]	stole [stəʊl]	stolen ['stəʊlən]	stehlen
swim [swɪm]	swam [swæm]	swum [swʌm]	schwimmen
take [teɪk]	took [tʊk]	taken ['teɪkn]	nehmen; bringen; dauern
teach [tiːtʃ]	taught [tɔːt]	taught [tɔːt]	unterrichten, lehren
tell [tel]	told [təʊld]	told [təʊld]	sagen; erzählen
think [θɪŋk]	thought [θɔːt]	thought [θɔːt]	denken; glauben
throw [θrəʊ]	threw [θruː]	thrown [θrəʊn]	werfen
understand [ˌʌndə'stænd]	understood [ˌʌndə'stʊd]	understood [ˌʌndə'stʊd]	verstehen
wake up ['weɪk‿ʌp]	woke up ['wəʊk‿ʌp]	woken up ['wəʊkn‿ʌp]	aufwachen
wear [weə]	wore [wɔː]	worn [wɔːn]	tragen
win [wɪn]	won [wʌn]	won [wʌn]	gewinnen
write [raɪt]	wrote [rəʊt]	written ['rɪtn]	schreiben

Lösungen Test yourself

1 Seite 5

1. This is a sandwich and this is an apple.
2. Here's a pencil and there's an exercise book.

3 Seite 6

1. A: How many pizzas do we need?
   B: Five, I think. How much money have you got?
2. A: We've only got a little lemonade.
   B: OK. Let's buy a few bottles.
3. A: Look! We haven't got much food.
   B: No, let's make a few more sandwiches.

5 Seite 7

A: Have you got any sandwiches?
B: No, and I haven't got any apples, but I have got some brownies. Would you like one?

6 Seite 8

1. idiots 2. crisps 3. folders 4. cupboards
5. sentences 6. sandwiches

7 Seite 9

1. diaries 2. teachers 3. mice 4. children
5. people 6. bikes 7. buses 8. babies 9. feet
10. men 11. sheep

8 Seite 10

1. There's my sister and there's my sister's bike.
2. Those boys have got dogs. Oh look! There are the boys' dogs.
3. That's the Carter family and there's the Carters' shop.
4. Where are the children's bikes?

10 Seite 11

A: Hello. I'm Suzanne and this is Peter. He's my friend. We're in Year 7. Are you in Year 7, too?
B: No, I'm in Year 8. Look! That's Emma. She's in Year 7 and there are Mr Carter and Mrs Newman. They are two tutors and they are very nice.

11 Seite 12

1. A: This is James. He's new here. Can you take him to the cafeteria, please?
   B. Yes, of course. He can come with me. And here are my friends, Tony and Ted. They are in our class, too. We always eat together. He can eat with us.
2. A: Can you help me? I can't find my ball. Have you got it?
   B: No, but I think Grace can help you. Look! She's over there. You can ask her.
   A: Look! There are Lisa and Robert over there. She's with them.

16 Seite 16

beautiful	more beautiful	most beautiful
bad	worse	worst
careful	more careful	most careful
clean	cleaner	cleanest
difficult	more difficult	most difficult
dirty	dirtier	dirtiest
good	better	best
hungry	hungrier	hungriest
large	larger	largest

17 Seite 17

1. a. Tom is the fastest mouse.
   b. Tim is not as fast as Terry.
   c. Tim is bigger than Terry.
   d. Tom is the biggest mouse.
2. a. The camera is the most expensive thing.
   b. The camera is cooler than the umbrella.
   c. The mobile is more expensive than the umbrella.
   d. The mobile is as cool as the camera.

18 Seite 19

1. I am a careful person. I do everything carefully.
2. You've got a fast bike, but you don't ride it very fast.
3. Julie is very good at music and she sings well, too.
4. I did my homework quickly, now I can have a quick break.

22 Seite 21

1. I am Nina and I am very nice.
2. He is my brother and he is not nice.
3. They are my friends but they are not at my school.
4. Tom, you are not at my school. You are my cat!
5. She is not from Greenwich. She is from London.
6. We are at Thomas Tallis. It is a big school.

23 Seite 22

A: Hello. I'm Alexandra. Are you new here?
B: Yes, I am. I'm Lisa. Are they your friends?
A: Yes, they are. They're nice, but they aren't in my tutor group.
B: And who is that? Is she the English teacher?
A: No, she isn't. She is my mum. But she's a teacher, too.

25 Seite 24

Emma: Has Lisa got a brother?
Terry: Yes, she has and she's got a sister, too.
Emma: Has Sam got a brother?
Terry: No, he hasn't. He hasn't got a brother or a sister.
Emma: Have Lisa and her brother and sister got a dog?
Terry: Yes, they have.
Emma: And have you got a dog, Terry?
Terry: No, I haven't, but I've got a cat.

26 Seite 25

1. Come here, please.
2. Please don't read my book. / Don't read my book, please.
3. Please don't play with my new football. / Don't play with my new football, please.
4. Open the door, please.
5. Ask your mother.
6. Put the exercise books on the table.

28 Seite 26

1. I always do my homework.
2. Marco often goes swimming.
3. You eat breakfast at eight o'clock.
4. Lisa plays with Barker.
5. They sometimes watch a film in the evening.

29 Seite 27

a) 1. I don't like school.
2. We haven't got a nice teacher.
3. She isn't new at our school.
4. He doesn't know the answer.
5. She doesn't eat breakfast in the morning.

b) 1. I don't play tennis.
2. They don't go to bed late.
3. We haven't got a dog.
4. You never do your homework.
5. I don't make breakfast.

30 Seite 28

1. A: Do you like school? B: Yes, I do.
2. A: Do you live in Greenwich? B: No, I don't.
3. A: Do they speak English? B: No, they don't.
4. A: Are they your friends? B: Yes, they are.

31 Seite 29

1. A: Does she play the drums? B: Yes, she does.
2. A: Has he got a cat? B: Yes, he has.
3. A: Does Lisa swim every day?
   B: No, she doesn't.
4. A: Does Terry watch football every day?
   B: No, he doesn't.

32 Seite 29

1. When do you play football?
2. Where does Lisa live?
3. Why do you get up at eight o'clock?
4. What do they eat for dinner?
5. Who is that person over there?
6. What has she got in her bag?

35 Seite 32

1. I am still waiting for my friend at the bus stop.
2. She is talking on her mobile.
3. Now she isn't talking on her mobile.
4. She is putting her mobile in her bag.
5. We are going to town together.
6. We aren't going by bus because the bus is just leaving.

36 Seite 33

1. A: Are you sitting in your living room?
   B: Yes, we are./ Yes, I am.
2. A: Is your dad watching TV?
   B: Yes, he is.
3. A: Are your brothers doing their homework?
   B: No, they aren't. They are watching TV, too.
4. A: What are they watching?
   B: Football. England is winning.

37 Seite 34

I usually take the dog for a walk before breakfast, but today I'm feeding the chickens. My dog loves his walk. But look! Now he is playing with the farm dogs. My brother usually gets up late on Sunday, but he is helping the farmer now. My mum and dad always read the newspaper in the morning, but they haven't got a newspaper here. We live in London, but now we are staying on a farm. My mum is helping the farmer's wife now and my dad is driving the tractor. Oh no, Dad. What are you doing now? Dad doesn't know much about tractors and now he can't stop it. The farmer is running after him and my mum and the farmer's wife are laughing. My dad loves a joke, but he isn't laughing now.

40 Seite 36

1. A: Were you at home at the weekend?
   B: No, I wasn't. I was in Brighton.
2. A: Was your sister in Brighton, too?
   B: No, she wasn't. She and her friends were in Scotland.

42 Seite 37

1. arrived	2. cried	3. did	4. fell	5. liked
6. made	7. read	8. rode	9. saw	10. sat
11. started	12. stopped			

44 Seite 38

1. I didn't walk to school this morning My dad took me in the car.
2. My dad didn't go to work. He stayed at home.
3. We didn't have lessons today. We had our sports day.
4. I didn't win a race. I fell in the first one.
5. My friends didn't laugh. They clapped.

46 Seite 39

A: What did you do today? B: I went to school.
A: Did you have a nice day? B: Yes, I did.

48 Seite 41

1. My mum has been to the shops.
2. I have made a cake.
3. My dad has cleaned the house.
4. My brother has taken some funny photos.
5. We have had a party.

50 Seite 42

1. A: Have you ever been to France?
   B: No, I haven't and I haven't been to Spain.
2. A: Has your brother seen a famous actress?
   B: Yes, he has, but he hasn't met a famous actor.

51 Seite 43

1. A: Have you ever been to Scotland?
   B: Yes, I have. I went there last year.
2. A: Has John invited you to his birthday party?
   B: Yes, he has. He gave me an invitation yesterday. I have never been to his house before.
3. A: What did you do on Saturday?
   B: We saw the *Wizard of Oz* at the theatre. It was great. We have already read the book.

53 Seite 44

1. A: Are you going to meet us in the park tomorrow?
   B: Yes, I am, but I'm not going to stay long.
2. A: Is Lisa going to play tennis with us on Sunday?
   B: Yes, she is. She's going to bring a friend.

55 Seite 45

1. A: How old will you be on Saturday?
   B: I'll be thirteen.
2. A: Will it rain on Saturday?
   B: No, it won't, I'm sure the weather won't be bad on my birthday and we'll have my party in the garden.

56 Seite 46

A: What are you going to do in August? Have you decided?
B: Yes, we are going to visit my uncle in France. My uncle will be fifty and he's going to have a big birthday party. He has already invited lots of people.
A: Maybe you'll meet a nice French boy.
B: Maybe, but I'm sure I'll have a good time anyway.

57 Seite 47

A: What were you doing yesterday when I called?
B: I was playing with the dog. My brothers were sleeping.

61 Seite 50

1. You mustn't eat everything. We are hungry, too.
2. He must go to bed. It is very late.
3. We mustn't play football in the living room.
4. You needn't help me, thanks. I can do my homework today.

64 Seite 51

1. May I have some more cake, please? I'm hungry.
2. Can/could you help me, please? I can't do my homework.
3. I must go now. I'm late for school.
4. You needn't send a postcard, but please call me.
5. We mustn't cycle on the right in England. It's dangerous.
6. You should/must be nice to your sister.
7. I can't speak Italian because I've never learnt it.
8. They can sing really well. I could listen for hours.

67 Seite 53

1. They are now watching a film in the cinema. / Now they are watching a film in the cinema. / They are watching a film in the cinema now.
2. We have a summer fair at school every year. / Every year we have a summer fair at school.
3. I meet my friends in the park on Saturdays. / On Saturdays I meet my friends in the park.

68 Seite 54

1. I swim fast in the swimming pool.
2. We worked hard in the garden at the weekend.
3. Yesterday David ran home quickly because it was raining.

69 Seite 54

1. I never play football.
2. We always walk to school.
3. Lisa often takes her dog for a walk.

70 Seite 55

1. Emma sings and she plays the guitar.
2. Ron is nice, but I don't like him.
3. It is raining, so I take my umbrella.
4. We can watch a DVD or we can go to the disco.

72 Seite 57

a) 1. If I win a lot of money, I'll buy a new bike.
   2. Your mum will be angry if you don't tidy your room.
   3. If it rains, we will stay at home today.
   4. They will eat in the garden if it is sunny tomorrow.

b) 1. I'm going to see Ben tomorrow. When I see him, I'll give him the invitation.
   2. If we win the match tomorrow, we'll be very happy.
   3. When it get's dark, I'll go home.
   4. Please tell me if you take things from my room.

73 Seite 58

1. 9:30, 21:30 2. It's five past eleven. 3. 02:53, 14:53
4. It's quarter to nine. 5. 05:15, 17:15

75 Seite 59

1. The summer holidays start in July.
2. We go back to school on 5th September.
3. In the holidays I always go to bed at about nine o'clock.